"十四五"国家重点出版物出版规划项目
交通运输科技丛书·公路基础设施建设与养护
跨海交通集群工程智能化运维系列丛书

铺面健康状况智能感知与评估

徐周聪　李书亮　李林波　景强　徐正卫　著

人民交通出版社

北京

内容提要

本书依托国家重点研发计划项目"港珠澳大桥智能化运维技术集成应用"部分研究成果编写,是"跨海交通集群工程智能化运维系列丛书"中的一本。

本书以国家重点研发计划"港珠澳大桥智能化运维技术集成应用"的专项课题"基于声学的隧道和桥梁铺面健康状况智能感知评价技术"为背景,系统介绍了基于声学的铺面健康状况智能巡检设备及其巡检指标的技术原理,基于声学巡检的铺面健康状况评价体系,基于研究成果开发的港珠澳大桥铺面巡检系统,以及上述成果在港珠澳大桥等工程运维养护中的测试与验证情况。

本书汇集了港珠澳大桥铺面声学智能化巡检的经验与研究成果,可为同类跨海集群工程、高品质道路工程铺面巡检提供技术参考,也可为铺面工程养护人员解决铺面巡检问题提供参考。

图书在版编目(CIP)数据

铺面健康状况智能感知与评估/徐周聪等著. — 北京:人民交通出版社股份有限公司,2024.9
(跨海交通集群工程智能化运维系列丛书)
ISBN 978-7-114-19019-3

Ⅰ.①铺… Ⅱ.①徐… Ⅲ.①桥梁工程—研究 Ⅳ.①U445

中国国家版本馆 CIP 数据核字(2024)第 099024 号

Pumian Jiankang Zhuangkuang Zhineng Ganzhi yu Pinggu

书　　名:	铺面健康状况智能感知与评估
著 作 者:	徐周聪　李书亮　李林波　景　强　徐正卫
责任编辑:	朱伟康　黎小东　潘艳霞
责任校对:	赵媛媛　刘　璇
责任印制:	刘高彤
出版发行:	人民交通出版社
地　　址:	(100011)北京市朝阳区安定门外外馆斜街3号
网　　址:	http://www.ccpcl.com.cn
销售电话:	(010)85285857
总 经 销:	人民交通出版社发行部
经　　销:	各地新华书店
印　　刷:	北京市密东印刷有限公司
开　　本:	787×1092　1/16
印　　张:	9.75
字　　数:	151 千
版　　次:	2024 年 9 月　第 1 版
印　　次:	2024 年 9 月　第 1 次印刷
书　　号:	ISBN 978-7-114-19019-3
定　　价:	65.00 元

(有印刷、装订质量问题的图书,由本社负责调换)

交通运输科技丛书编审委员会

(委员排名不分先后)

顾　问：王志清　汪　洋　姜明宝　李天碧

主　任：庞　松

副主任：洪晓枫　林　强

委　员：石宝林　张劲泉　赵之忠　关昌余　张华庆

　　　　郑健龙　沙爱民　唐伯明　孙玉清　费维军

　　　　王　炜　孙立军　蒋树屏　韩　敏　张喜刚

　　　　吴　澎　刘怀汉　汪双杰　廖朝华　金　凌

　　　　李爱民　曹　迪　田俊峰　苏权科　严云福

跨海交通集群工程智能化运维系列丛书
编审委员会

主　　任：郑顺潮

副主任：（排名不分先后）

　　　　陈　纯　　张建云　　岳清瑞　　叶嘉安

　　　　滕锦光　　宋永华　　戴圣龙　　沙爱民

　　　　方守恩　　张劲泉　　史　烈　　苏权科

　　　　韦东庆　　张国辉　　莫垂道　　李　江

　　　　段国钦　　景　强

委　　员：（排名不分先后）

　　　　汤智慧　　苗洪志　　黄平明　　潘军宁

　　　　杨国锋　　蔡成果　　王　罡　　夏　勇

　　　　区达光　　周万欢　　王俊骅　　廖军洪

　　　　汪劲丰　　董　玮　　周　波

《铺面健康状况智能感知与评估》编写组

丛书总主编：景　强

主　　　编：徐周聪　李书亮　李林波　景　强

　　　　　　徐正卫

参　　　编：（排名不分先后）

　　　　　　张东长　李国红　胡银洲

编 写 单 位：港珠澳大桥管理局

　　　　　　招商局重庆交通科研设计院有限公司

总序 GENERAL FOREWORD

　　科技是国家强盛之基，创新是民族进步之魂。中华民族正处在全面建成小康社会的决胜阶段，比以往任何时候都更加需要强大的科技创新力量。党的十八大以来，以习近平同志为核心的党中央做出了实施创新驱动发展战略的重大部署。党的十八届五中全会提出必须牢固树立并切实贯彻创新、协调、绿色、开放、共享的发展理念，进一步发挥科技创新在全面创新中的引领作用。在最近召开的全国科技创新大会上，习近平总书记指出要在我国发展新的历史起点上，把科技创新摆在更加重要的位置，吹响了建设世界科技强国的号角。大会强调，实现"两个一百年"奋斗目标，实现中华民族伟大复兴的中国梦，必须坚持走中国特色自主创新道路，面向世界科技前沿、面向经济主战场、面向国家重大需求。这是党中央综合分析国内外大势、立足我国发展全局提出的重大战略目标和战略部署，为加快推进我国科技创新指明了战略方向。

　　科技创新为我国交通运输事业发展提供了不竭的动力。交通运输部党组坚决贯彻落实中央战略部署，将科技创新摆在交通运输现代化建设全局的突出位置，坚持面向需求、面向世界、面向未来，把智慧交通建设作为主战场，深入实施创新驱动发展战略，以科技创新引领交通运输的全面创新。通过全行业广大科研工作者长期不懈的努力，交通运输科技创新取得了重大进展与突出成效，在黄金水道能力提升、跨海集群工程建设、沥青路面新材料、智能化水面溢油处置、饱和潜水成套技术等方面取得了一系列具有国际领先水平的重大成果，培养了一批高素质的科技创新人才，支撑了行业持续快速发展。同时，通过科技示范工程、科技成果推广计划、专项行动计划、科技成果推广目录等，推广应用了千余项科研成果，有力促进了科研向现实生产力转化。组织出版"交通运输建设科技丛书"，是推进科技成果公开、加强科技成果推广应用的一项重要举措。"十二五"期间，该丛书共出版72册，全部列入"十二五"国家重点图书出版规划项目，其中12册获得国家出版基金支持，6册获中华优秀出版物奖图书提名奖，行业影响力和社会知名度不断扩大，逐渐成为交通运输高端学术交流和科技成果公开的重要平台。

"十三五"时期，交通运输改革发展任务更加艰巨繁重，政策制定、基础设施建设、运输管理等领域更加迫切需要科技创新提供有力支撑。为适应形势变化的需要，在以往工作的基础上，我们将组织出版"交通运输科技丛书"，其覆盖内容由建设技术扩展到交通运输科学技术各领域，汇集交通运输行业高水平的学术专著，及时集中展示交通运输重大科技成果，将对提升交通运输决策管理水平、促进高层次学术交流、技术传播和专业人才培养发挥积极作用。

当前，全党全国各族人民正在为全面建成小康社会、实现中华民族伟大复兴的中国梦而团结奋斗。交通运输肩负着经济社会发展先行官的政治使命和重大任务，并力争在第二个百年目标实现之前建成世界交通强国，我们迫切需要以科技创新推动转型升级。创新的事业呼唤创新的人才。希望广大科技工作者牢牢抓住科技创新的重要历史机遇，紧密结合交通运输发展的中心任务，锐意进取、锐意创新，以科技创新的丰硕成果为建设综合交通、智慧交通、绿色交通、平安交通贡献新的更大的力量！

2016 年 6 月 24 日

序 |FOREWORD|

　　港珠澳大桥作为连接香港、珠海、澳门三地的大型跨海通道,是世界总体跨度最长、钢结构桥体最长、海底沉管隧道最长的跨海大桥。它汇集了桥梁、隧道、人工岛等重要结构物,整个建设过程中克服了诸多工程难题,是创多项世界之最的超级工程,也是中国自主创新能力的生动体现。通车运营后,港珠澳大桥的运管水平同样体现了中国的创新能力。科技部立项国家重点研发计划"港珠澳大桥智能化运维技术集成应用",目的就是汇集各类高新尖技术,提升港珠澳大桥的智能化运维水平,用好管好大桥。大桥的铺面结构承载着直接服务运行车辆的功能,铺面的品质好坏直接影响驾乘感受。因此,维护保养好铺面是港珠澳大桥日常管理和运维的重要工作内容之一。想要使铺面一直处于良好的服务水平,就必须知晓其服役状况,因此,对铺面服役状况的感知是关键。

　　本书作为国家重点研发计划"港珠澳大桥智能化运维技术集成应用"的成果之一,在铺面健康状况的感知方面,提供了一个新的思路。本书介绍了"基于声学的隧道和桥梁铺面健康状况智能感知评价技术"项目组研制的声学感知装备,将其以模块化的形式装载到车辆上,达到快速智能巡检的目的。研究过程中解决了从声学信号解析到铺面健康状况表征的问题,提出了基于声学信号的表征指标(路噪指数、颠簸指数),并对指标的影响因素做了大量的试验分析,设计了路噪指数与颠簸指数的计算方式,由此建立了铺面健康状况的评价方法。基于上述成果开发了港珠澳大桥的铺面巡检系统,并进行了相应的工程测试与验证。从测试验证的结果来看,铺面巡检系统比较可靠地反映了桥岛隧铺面的工作状态,为港珠澳大桥的铺面状况感知工作提供了一种更为方便快捷的方法。

随着智能化技术在土木工程领域的逐渐应用，期待我国科技工作者进一步增强自主创新能力，深入开展铺面检测新技术的研究与实践，满足大型基础设施运营管理的需要，为实现我国交通基础设施的快速发展做出持续贡献。

2024 年 4 月 12 日

前言 PREFACE

　　港珠澳大桥地处珠江口伶仃洋海域，是现今世界上建设规模最大、运营环境最复杂的跨海集群工程，代表了我国跨海集群工程建设的最高水平。为攻克跨海重大交通基础设施智能运维技术瓶颈，示范交通行业人工智能和新基建技术落地应用，港珠澳大桥管理局统领数十家参研单位，依托国家重点研发计划"港珠澳大桥智能化运维技术集成应用"、广东省重点领域研发计划"重大跨海交通集群工程智能安全监测与应急管控"、交通运输领域新型基础设施建设重点工程"数字港珠澳大桥"、交通强国建设试点任务"用好管好港珠澳大桥"等开展技术攻关，将港珠澳大桥在智能运维方面的积极探索以关键技术的方式进行提炼，共同撰写了"跨海交通集群工程智能化运维系列丛书"。丛书的出版，对促进传统产业与新一代信息技术融通创新具有重要意义，为国内外跨海集群工程智能化运维提供了丰富的借鉴和参考。

　　本书详尽介绍了国家重点研发计划"港珠澳大桥智能化运维技术集成应用"的课题专项"基于声学的隧道和桥梁铺面健康状况智能感知评价技术"的研究成果。其主要内容包括基于声学的铺面健康状况智能巡检设备及其巡检指标的技术原理，基于声学巡检的铺面健康状况评价体系，基于研究成果开发的港珠澳大桥铺面巡检系统，以及上述成果在港珠澳大桥等工程运维养护中的测试与验证情况。本书所构建的基于声学的桥岛隧铺面健康状况评估技术体系，可以为国内类似工程的维养提供参考。

　　本书共分6章。第1章绪论，分析了铺面智能感知技术的国内外发展现状和存在问题，总结了新一代铺面智能感知技术的发展趋势。第 2 章基于声学的铺面健康状况智能感知装备，介绍了基于声学检测的技术原理、智能感知传感器的选型与技术参数，介绍了智能化巡检车的集成方案与数据采集控制软件，并对声学智能巡检装备的硬件工作性能与相关精度进行了测试与验证。第 3 章铺面健康状况评估体系，介绍了铺面服务质量指数的评价方法、评价指标及分项指标构成，介绍了分项指标路噪指数、颠簸指数的算法设计与影响因素试验研究。第 4 章港珠澳大桥铺面巡检系统与维养决策应用，介绍了巡检系统的总体设计、核心功能模块、系统功能，介绍了铺面健康状况智能感知与评估结果在港珠澳大桥维养决策系统中的应用情况。第 5 章工程测试与验证，介绍了基于声学的桥岛隧铺面健康状况智能感知系统在港珠澳大桥工程及其他工程中的测试与验证情况。第 6 章结语，总结了本书的主要创新点，并展望了未来的研究方向与应用前景。

限于作者的水平和经验，书中错漏之处在所难免，恳请读者批评指正。

作者

2024 年 6 月

目录 CONTENTS

第 1 章　绪论

1.1　铺面智能感知技术现状 ··· 003
1.1.1　铺面检测设备 ··· 003
1.1.2　多功能道路检测车 ··· 006
1.2　新一代技术发展趋势 ··· 010

第 2 章　基于声学的铺面健康状况智能感知装备

2.1　声学检测技术原理 ··· 012
2.1.1　路噪指数技术原理 ··· 014
2.1.2　颠簸指数技术原理 ··· 014
2.2　智能感知传感器 ··· 015
2.2.1　传声器 ··· 015
2.2.2　动态胎压监测仪 ··· 016
2.2.3　GNSS/INS + DMI 组合导航定位系统 ···························· 017
2.3　智能化巡检车集成 ··· 019
2.3.1　数据采集终端 ··· 019
2.3.2　底盘车选型 ··· 020
2.3.3　电源供电方案 ··· 022

2.3.4 　整车集成方案 …………………………………………………… 022

2.3.5 　数据采集控制软件 ……………………………………………… 024

2.4 　装备测试与验证 ……………………………………………………… 030

2.4.1 　智能巡检装备自动采集验证 …………………………………… 030

2.4.2 　基于声学的桥岛隧铺面智能巡检设备同步传输 ……………… 033

2.4.3 　GNSS 定位精度对比测试 ……………………………………… 035

2.4.4 　速度对评价算法的影响消除测试 ……………………………… 036

2.4.5 　编码器输出对应路面尺寸比例测试 …………………………… 042

第 3 章　铺面健康状况评估体系

3.1 　铺面服务质量指数评价 ……………………………………………… 046

3.1.1 　评价指标与评定等级 …………………………………………… 046

3.1.2 　权重参数的确定 ………………………………………………… 046

3.1.3 　分项指标的计算 ………………………………………………… 050

3.2 　路噪指数影响因素研究 ……………………………………………… 053

3.2.1 　轮胎-铺面噪声产生及增强机理 ……………………………… 053

3.2.2 　声波指数算法研究 ……………………………………………… 055

3.2.3 　包络声能影响因素研究 ………………………………………… 066

3.3 　颠簸指数影响因素研究 ……………………………………………… 085

3.3.1 　动态胎压算法研究 ……………………………………………… 085

3.3.2 　等效动态胎压与胎压指数相关性研究 ………………………… 093

3.3.3 　动态胎压影响因素研究 ………………………………………… 096

第 4 章　港珠澳大桥铺面巡检系统与维养决策应用

4.1 　港珠澳大桥铺面巡检系统 …………………………………………… 106

4.1.1 　系统概要 ………………………………………………………… 106

4.1.2 　总体设计 ………………………………………………………… 106

4.1.3 　核心系统模块 …………………………………………………… 107

4.1.4　系统功能……………………………………………………107
　4.2　铺面健康状况评估在港珠澳大桥维养决策系统中的应用…………112

第 5 章　工程测试与验证

　5.1　测试对象……………………………………………………………118
　5.2　测试环境与配置……………………………………………………121
　5.3　港珠澳大桥工程验证………………………………………………122
　　　5.3.1　工程概况……………………………………………………122
　　　5.3.2　数据采集……………………………………………………122
　　　5.3.3　数据对比及结论……………………………………………127
　5.4　其他工程验证………………………………………………………129
　　　5.4.1　工程验证项目………………………………………………129
　　　5.4.2　验证结论……………………………………………………130

第 6 章　结语

　6.1　结论…………………………………………………………………134
　6.2　创新点………………………………………………………………134
　6.3　展望…………………………………………………………………135

参考文献

索引

CHAPTER 1 | 第 1 章

绪论

从"十四五"规划之初,交通基础设施的建设规模、增长速率进入一个变坡期,从注重规模与速度的高速发展,过渡到注重质量与效益的高质量发展。未来一段时间的建设重点,是优规划、调结构、补短板、抓综合、重枢纽,构建现代综合立体的交通基础设施网络。随着对数字技术的广泛深入应用,数字化、智能化将成为交通运输行业高质量发展的关键支撑要素。

港珠澳大桥是我国首座集桥岛隧于一体的现代跨海通道工程,代表了中国交通基础设施的先进水平。为落实好习近平总书记"用好管好大桥"的重要指示,科技部批复国家重点研发计划——港珠澳大桥智能化运维技术集成应用。该项目首次将大数据智联平台及人工智能技术应用于传统交通基础设施维养技术研究之中,形成了跨海集群工程智能化运维关键技术体系,包括水下结构服役状态检测及水上典型结构部位的病害全息感知与识别装备集成控制系统,为桥、岛、隧等跨海集群设施的维养决策评估提供准确、全面的技术参数。系列成果在港珠澳大桥上得到示范性应用,提升了大桥运维工作效率,降低了大桥运维工作成本,保障了大桥服役期运营安全性,延长了大桥设施服役寿命。同时,形成了一系列具备自主知识产权的重大交通基础设施智能化维养装备及技术,在世界范围起到了示范效应。

港珠澳大桥主体工程桥梁全长约为22.9km,桥面铺装总面积约为72.0万m^2,其中钢桥约为52.3万m^2,混凝土桥约为19.7万m^2。铺面作为桥岛隧设施的重要构造部件,其质量状况直接影响着驾乘人员的行车舒适性,其使用性能是基础设施服务质量的直观反映。在建设期,港珠澳大桥铺面采用了先进的工程技术与严格的质量控制管理措施,同期编制了相应的桥面铺装技术指南,确保了建设工程质量与长期服役性能。而对于服役期,跨海集群工程的铺面运维养护自然成为设施运维工作的重中之重。常规的铺面检测一般采用"一年一检"的定检方式,但对于港珠澳大桥这类高品质跨海集群桥岛隧工程,若依然沿用"一年一检"的方式,运维部门可能难以及时掌握其铺面的健康状况,从而影响运维人员对其铺面做出科学合理的养护决策。因此,传统的路面检测方式可能无法胜任跨海集群桥岛隧工程频繁的巡检任务,亟须一种轻量化、工效高、评价简便的检测装备对高品质跨海集群桥岛隧铺面进行高频次的巡检,以获取及时、可靠的铺面健康状况数据,并同步进行健康状况的评估,从而为养护决策提供必要的数据补充与支持,以提高铺面服务质量,提升智能运维水平。

本书依托"港珠澳大桥智能化运维技术集成应用"项目成果——"基于声学的隧道和桥梁铺面健康状况智能感知评价技术",聚焦于桥岛隧铺面状况的智能感知与评估,研发了基于声学的隧道和桥梁铺面健康状况智能感知装备,以轻量化模块的形式集成到巡检车上,实现了对港珠澳大桥隧道和桥梁铺面状况的高频次巡查,利用采集到的数据分析评价铺面的服务质量,基于评价结果进行科学的养护决策,从而提升港珠澳大桥工程的智能管养水平,降低全生命周期运维成本,提升铺面的服务质量。该技术实现了对跨海集群桥岛隧高品质运维要求下的对铺面质量高频感知、快捷评价的目标。

1.1 铺面智能感知技术现状

跨海桥梁气候环境复杂,其铺面质量监测与评估是日常养护管理的重要工作内容。对铺面的科学养护依赖于精准的数据采集和准确的评估技术,通过智能化的铺面快速巡检方法获取铺面技术特征,可得到科学可靠的数据。桥梁的铺面检测评价方法主要参考道路铺面检测评价方法,通过数字图像、激光测量和"3S"定位技术(遥感技术 RS、地理信息系统 GIS、卫星定位系统 GNSS)对铺面损坏、铺面平整度、铺面车辙、铺面抗滑性能和结构强度等技术状况进行检测。目前,国内外很多科研机构和科技型企业均在道路铺面智能化检测领域取得了重要的研究成果。

1.1.1 铺面检测设备

铺面检测设备经历了一维的单指标检测设备、二维的成像检测设备、三维的成像检测设备三个不同的发展阶段,主要包括道路综合检测车、弯沉检测仪、路面抗滑横向力系数测试仪、探地雷达等。本节大致总结归纳了铺面检测技术的发展及现状。

1.1.1.1 一维检测设备

1) 加速度计

路面纹理垂直方向上的差异所导致的路面不平整会通过增加车辆振动造成驾驶舒适性下降。这种振动可以通过检测轮胎声音、轮胎压力以及轮胎、车轴和整个汽车的振动变化来测量。加速度计是最常见的用于该项检测的设备。

2) 压力传感器

轮胎压力可以反映遇到颠簸或坑槽时车轮的变化。使用精确的压力传感器，可以检测到坑槽、裂缝等路面损坏。但由于缺乏准确性，压力传感器不能对坑槽或裂缝的大小、深度进行检测，只能作为补充工具。

3) 弯沉仪

弯沉仪通过测量荷载对路面的影响来分析路面结构状态，以得到相关数据。其有两种，第一种为静态的落锤式弯沉仪，可以进行间断式的定点弯沉检测；第二种为激光动态弯沉测量车，需要配置非常昂贵的设备，且仅针对路面层结构评估，不适用于铺面的快速检测。

4) 路面抗滑横向力系数测试仪

路面抗滑横向力系数测试仪的工作方式是设定试验轮与行车方向成一定偏角，使其产生同试验轮平面相垂直的横向摩阻力，此力与试验轮承受竖向荷载之比即为SFC（横向力系数）。SFC是纵横向摩擦系数的综合指标，能够表征车辆实际制动或发生侧滑时的路面阻抗。

1.1.1.2 二维检测设备

1) 单相机

常规的单相机通常通过拍摄2D图像检测路面情况。单相机有多种类型，其中最适用的设备之一是CCD（电荷耦合器件）相机，该相机用于路面检测已有20多年的历史。它有几个优点，如价格合理、输出结果直接明了、技术高度成熟。近年来，CMOS（金属氧化物半导体）相机的使用变得普遍，其因为极高分辨率还可被用于评估微观结构。

2)摄像机

用摄像机拍摄路面视频,从视频中提取图像,并从图像中识别裂缝、坑槽等病害。行车记录仪也可以作为摄像机来进行路面检测。

3)线扫描相机

常规单相机或摄像机在输出方面存在一些缺点,例如角度引起的相对差异和照明困难,使用线扫描相机可以解决这些问题,如图1.1-1所示。有学者使用两台线扫描相机(分辨率为2000像素×1像素,可覆盖4000mm×1mm范围的路面)检测路面情况,其28kHz高帧率能够在以90km/h的速度行驶的车辆上对路面情况进行检测。也有学者将线扫描技术与激光照明技术结合在智能网联汽车上用于道路状况的检测。

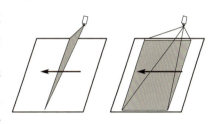

图1.1-1 线阵扫描相机(左)与面阵扫描相机(右)

1.1.1.3 三维检测设备

1)热成像传感器

利用不可见光也可以对路面状况进行检测,例如使用红外光谱来识别裂缝、路面集料剥离等病害,其主要优点是识别路面集料剥离准确率高。

此外,可以将探地雷达与热成像相结合,以获取道路表面和地下信息并检测沥青路面开裂情况。二者可以共同估计裂缝的深度,检测填充材料的存在以及初步识别裂缝的起源和严重程度。

2)激光扫描

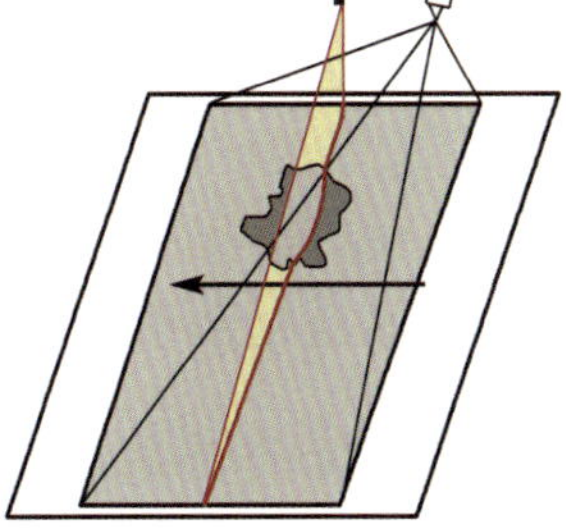

一些路面病害差异只表现在深度上,通过创建3D模型可以检测这些病害在 x、y 和 z 维度上的差异,从而确定其类型。激光扫描是创建3D模型最常用的技术之一。激光线投射在近乎平坦的路面上,相机以一定角度拍摄被测物体表面深度的形状,如图1.1-2所示。该检测系统将激光或LED(发光二极管)线性灯作为光源,将光线投

图1.1-2 激光扫描原理示意图

射到路面上。两个 CCD 相机以一定的角度构成一个三角取景系统,通过获取 LED 或激光投影反射的光线来提取 3D 模型。

该设备成本很高,但其效益很好。该技术的另一个优点是,对于道路的整个横断面,当投影频率足够高时,其除了可以检测车辙和推挤外,还可以检测坑槽、车道与路肩的落差和宽裂缝。

3) 雷达

雷达也可以测量道路病害深度并创建 3D 模型。其通常有两种检测方式。第一种是 GPR(探地雷达),可通过无线电波和不同频率的短电磁脉冲来确定物体的范围和角度。通过 GPR 可确定路面的结构、道路的微观结构、道路的材料等情况。此外,GPR 还可用于检测路面开裂情况,其结果可以与相机图像相结合可创建路面的 3D 轮廓。第二种是 LiDAR(激光雷达),其主要指标为 ToF(飞行时间),即给定点的距离以及短脉冲反射所需的时间。由于光速快,该设备非常灵敏。LiDAR 可以为整个场景创建点云图像,是一种相对昂贵的工具,其可用来分析裂缝、车辙、坑洼和道路边缘剥落等病害。

1.1.1.4 声学设备

微观尺度上的振动对轮胎噪音、胎压变化、轮胎变形和轮胎振动都有影响。有学者通过在车轮附近安装麦克风测试声学指标来检测潮湿路面的情况。此技术在路面检测方面缺乏准确性,但对于验证和支持其他设备、确定环境条件方面来说,声学检测可以提供补充数据。

1.1.2 多功能道路检测车

国内多功能道路检测车系统主要有中公高科养护科技股份有限公司多功能路况快速检测系统 CiCS、武汉武大卓越科技有限责任公司智能道路检测系统 RTM、长安大学多功能激光道路检测车。

1.1.2.1 中公高科养护科技股份有限公司多功能路况快速检测系统 CiCS

中公高科养护科技股份有限公司的多功能路况快速检测系统 CiCS 如图 1.1-3 所示,主要包括了路面车载检测系统、前方景观系统、卫星定位检测系统、路面损坏检测系统、路面平整度检测系统和距离定位检测系统。

1.1.2.2 武汉武大卓越科技有限责任公司智能道路检测系统 RTM

武汉武大卓越科技有限责任公司的智能道路检测系统 RTM 如图 1.1-4 所示。该系统可在车辆正常行驶状态下,自动快速、智能地完成道路多项健康指标的无损检测。系统可完全消除人工作业所致的人为误差,大幅提高检测准确性。系统检测速度为 0~100km/h,工作效率高,同时不影响道路正常交通,减少因交通封闭或交通堵塞造成的经济损失,也降低了测量作业人员的劳动强度和作业危险性。

图 1.1-3 中公高科养护科技股份有限公司多功能路况快速检测系统 CiCS

图 1.1-4 武汉武大卓越科技有限责任公司智能道路检测系统 RTM

1.1.2.3 长安大学多功能激光道路检测车

长安大学多功能激光道路检测车如图 1.1-5 所示。检测车搭载了可同时检测路面平整度、路面车辙、路面构造深度、路面裂纹破损、路面环境等的综合智能检测系统。并且检测车集激光路面数据采集系统、路面数字坐标信息采集系统、路面数字信息采集系统、路面环境信息采集系统、数据传输系统、数据处理系统等于一体。检测车的数据采集系统综合运用相关路面检测理论,实现了路面平整度、车辙、构造深度、道路破损、道路沿线设施等多种数据的自动采集与处理。检测车的检测系统精度高,使用操

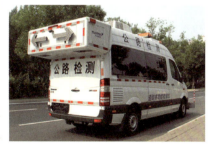
图 1.1-5 长安大学多功能激光道路检测车

作及标定简单,便于维护,采集界面友好,应用软件功能强大,工作环境及操作人性化,可用于高速公路养护质量的检测、评价与决策。

1.1.2.4 国外多功能道路检测车

美国 IIC(International Cybernetics Co.)公司研制了 IRISGO 道路检测车,加拿大 Fugro Roadware 公司研制了 ARAN 道路检测车,均可对铺面损坏状况指数(PCI)、国际平整度指数(IRI)、铺面纹理构造深度(MTD)进行数据采集,如图 1.1-6 所示。

a)IRISGO

b)ARAN

图 1.1-6　国外代表性道路铺面检测车

IRISGO 道路检测车集成了 LCMS2、LadyBug 5 + 全景相机、Basler 相机和 Ix-Blue 惯性组合导航系统。

ARAN 道路检测车集成了激光铺面损坏检测设备、激光车辙病害检测设备、激光铺面纹理检测设备、激光铺面平整度检测系统、GPS 空间定位测量系统、道路沿线情况实时采集相机、探地雷达等。

总的来说,根据国情和需求,各国采用了不同的研究思路和方法,形成了不同风格和特点的检测技术,采用了不同的检测系统。具有代表性的各国检测系统汇总如表 1.1-1 所示。

各国路面检测系统汇总表　　　　　　　　　　　表 1.1-1

国家	单位	硬件系统	软件系统	其他
加拿大-荷兰	Roadware	ARAN 系列	Vision/WiseCrack	最高速度 80km/h 下可分辨 3mm 以上裂缝,拍摄宽度为 4m
澳大利亚	ARRB	Hawkeye 系列	Pavement View DIS	最高速度 110km/h,拍摄宽度为 2.7～4m
	CSIROpedia		Road Crack System	最高速度 100km/h 下可分辨 1mm 以上裂缝,拍摄宽度为 2.25m

续上表

国家	单位	硬件系统	软件系统	其他
丹麦	Greenwood	Profilograph/Laser profile/	Profilograph for Windows	—
		Surface Imaging Laser RST/		—
瑞典	Ramböll RST	Laser RST Portable/RMT/RST PAVUE	AIES(Automated Image Evaluation System)	—
新西兰	WDM	RAV(Road Assessment Vehicle) SCANNER Surveys		—
英国	UK Roads Liaison Group	TTS	—	最高速度90km/h, 拍摄宽度为3.2m
	TRL/HA	HARRIS	—	最高速度80km/h下可分辨2mm以上裂缝, 拍摄宽度为2.9m
	MHM 协会	ARIA(Automated Road Image Analyzer)		—
	Pathway Services Inc.	Super HD Road imaging/Immersive 360-degree Imaging	Path view/Crack detect/Sensor and distress data reporting	—
	Video Comp	Video Comp		最高速度100km/h下可分辨2.5mm以上裂缝, 系统安装在拖车上
美国	International Cybernetics Corporation/The Kansas Dot	FDOT Survey Vehicle		最高速度120km/h下可分辨2.2mm以上裂缝, 纵向拍摄范围可任意调节
	Adhara	Adhara Data Collection Vehicle	Uni-pavement/Uni-survey	可分辨0.5mm以上裂缝
	The Texas Department of Transportation	Crack Soope		最高速度110km/h下分辨率为1.5mm×18mm, 拍摄宽度为3~3.6m, 专门的激光防护报警设备

续上表

国家	单位	硬件系统	软件系统	其他
中国	中公高科养护科技股份有限公司	路况快速检测系统 CiCS	路面损坏图像识别软件 CIAS	检测宽度为 3.55m，纵向采样间距为 10cm
	长安大学	多功能激光道路检测车		—
	武汉武大卓越科技有限责任公司	智能道路检测系统 RTM	三维路面病害自动检测系统	检测宽度为 3.6m，基于亚像素分割技术，检测精度为 0.1mm

1.2 新一代技术发展趋势

为了降低铺面质量检测成本、提升检测效率，国内外高校和科研机构在新一代铺面质量检测方法上进行了积极探索。

芬兰 VAISALA 公司研发了 RoadAI 道路铺面技术状况识别技术，利用安装在车辆前方的智能手机，通过视频采集技术进行道路数据采集，并使用 AI 算法对铺面病害数据进行提取和分析。

美国马萨诸塞大学的 Walaa Mogawer 博士开发了无人机道路巡检技术，通过无人机搭载高精度工业相机对铺面技术状况进行自动化数据采集，并使用深度学习算法对铺面病害进行自动化分析。

深圳市腾讯计算机系统有限公司研发了道路智能巡检技术，在巡检车辆上配备了常规视角相机、鱼眼相机、惯性导航、GPS 等设备。通过多设备的融合算法，能够自动分析、识别出铺面病害的位置、类别、严重程度和物理尺寸等信息，并实时发送检测结果到车载人机交互程序。

总的来说，随着人工智能、大数据、通信技术的发展，铺面技术状况的自动化巡检逐步向轻量化、智能化的方向迈进，基于机械振动原理、光学视觉原理、声学测量原理的巡检技术也陆续有相关研究与应用。本书的研究则是面向跨海集群工程高品质运维要求下的轻量化、高频次需求，从声学原理角度入手，以行车过程中产生的声学信号为测量对象（包括轮胎/路面噪声和动态胎压变化），结合嵌入式电子技术、移动通信技术、传感器技术开发一套模块化的基于声学的隧道与桥梁铺面智能感知设备，将其应用于高频次的铺面巡检中，并建立一套基于声学的隧道与桥梁铺面状况评价体系和方法。

第 2 章

基于声学的铺面健康状况智能感知装备

2.1 声学检测技术原理

声学(Acoustics)是指研究机械波的产生、传播、接收和效应的科学,是物理学中最早深入研究的分支学科之一。随着19世纪无线电技术的发明和应用,机械波的产生、传输、接收和测量技术都有了飞跃发展,从此,声学从古老的经典声学进入了近代声学的发展时期。近代声学的渗透性极强,声学与许多其他学科(如物理、化学、材料、生命、地学、环境等)、工程技术(如机械、建筑、电子、通信等)及艺术领域相交叉,并在这些领域发挥了重要又独特的作用,并进一步发展出了相应的理论和技术,从而逐步形成为独立的声学分支,如非线性声学、量子声学、分子声学、次声学、超声学、光声学、电声学、热声学、建筑声学、环境声学、语言声学、物理声学、生物声学、水声学、大气声学、地声学、生理声学、心理声学、音乐声学及声化学等。所以声学已不仅仅是一门科学,也是一门技术,同时又是一门艺术。

随着半导体技术、互联网、音频压缩技术、录音设备的共同发展,数字格式的声音种类与数量急剧增加。在人类听觉机制的启发之下,诞生了一个新的学科——计算机听觉,也可以称之为机器听觉。计算机听觉是一个面向数字音频与音乐,研究用计算机软件来分析和理解海量数字音频内容算法与系统的学科。

依托国家重点研发计划"港珠澳大桥智能化运维技术集成应用"项目,项目团队研发基于声学的桥岛隧铺面健康状况智能感知系统。该系统通过工作传声器测量铺面构造计算出路噪指数,通过动态胎压监测仪测量形变计算出颠簸指数,进而通过路噪指数和颠簸指数构造出铺面服务质量指数,用于评价桥岛隧铺面健康状况,其技术原理图如图2.1-1所示。

基于声学的桥岛隧铺面健康状况智能感知系统组成框图如图2.1-2所示,技术方案如下:

(1)以汽车平台为载体,通过定向麦克风、动态胎压监测仪、编码器、空间定位系统等传感器对铺面健康状况进行数据采集,数据采集控制系统对传感器进行控制管理和运行状态实时监测,利用移动通信网络将采集到的数据实时传输到数据处理系统;

(2)数据处理系统对铺面健康状况采集数据自动化处理,将数据结果保存到铺面健康状况数据库;

(3)铺面健康状况数据库为铺面健康状况管理系统和港珠澳大桥资产管理系统提供铺面健康状况巡检结果;铺面管养人员根据巡检结果建议,对需要特别关注的铺面段进行精确的养护,并下发巡检、专项检测和定检作业任务。

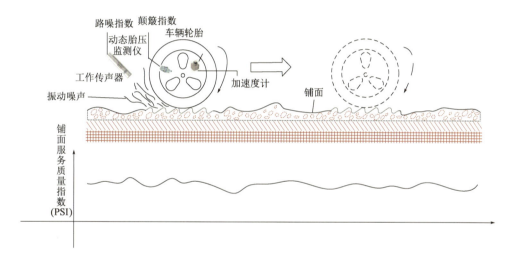

图 2.1-1　铺面服务质量指数技术原理图

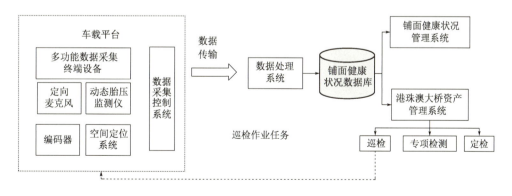

图 2.1-2　基于声学的桥岛隧铺面健康状况智能感知系统组成框图

2.1.1 路噪指数技术原理

道路噪声是汽车行驶过程中车辆本身以及轮胎与铺面间的相互作用产生的随机非稳态的流动噪声,会不同程度地影响驾乘人员情绪,音量较高的道路噪声会使驾乘人员出现头疼、注意力涣散、疲劳等各种不良症状,在对人体身心健康造成危害的同时还容易导致意外事故。研究表明,车辆噪声组成如图 2.1-3 所示,主要包括三个方面:

(1)车辆系统固有动力单元噪声,如发动机噪声、排气噪声、空调和风扇噪声等,主要是发动机噪声。

(2)运动中的车辆与周围空气由于速度差所产生的空气噪声。

(3)轮胎-铺面噪声。轮胎-铺面噪声是道路噪声的主要来源。从道路工程的角度出发,不同的道路铺面状况会产生不同的轮胎-铺面噪声。因此,可通过测量轮胎-铺面噪声对道路铺面的行驶质量进行评价。

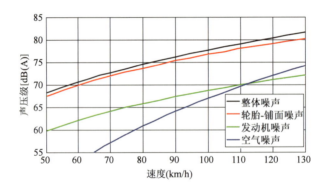

图 2.1-3　车辆噪声组成及速度影响

2.1.2 颠簸指数技术原理

当轮胎在铺面上滚动过程中,遇到铺面的突起构造,其胎面会发生变形,以吸收或者衰减突起构造的瞬时冲击,这就是轮胎的包络特性,可用突起结构作用力与轮胎径向变形间的关系来表示。考虑到轮胎的包络特性,使用 Fiala 圆环形梁模型来描述轮胎遇到突起构造的受力与变形状态。另外,通过试验发现,铺面突起构造引发的轮胎挠曲变形主要与轮胎类型、负荷与胎压有关,如图 2.1-4 所示。

基于上述分析,铺面凸起构造与轮胎进行接触时会造成轮胎胎面变形,并且这种变形与轮胎类型、负荷、胎压有关;同理,当铺面存在凹陷构造时,同样会引起轮胎的这种变形现象。因此,可定性地认为当轮胎在铺面滚动过程中,某时刻胎面发生变形,则该时刻下的铺面必然存在凸起/凹陷的铺面缺陷。

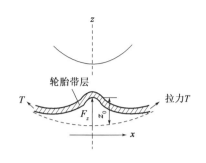

图2.1-4 铺面形变引起的轮胎挠曲变形
F_z-竖向压力;Z_0-轮胎变形竖向距离

2.2 智能感知传感器

需要与整车集成布置的传感器包括用于检测轮胎-铺面噪声的传声器、检测轮胎-铺面颠簸的动态胎压监测仪、检测车辆定位的全球卫星导航系统(GNSS)/惯性导航系统(INS)以及距离编码器(DMI)。

2.2.1 传声器

传声器,又名为麦克风(microphone),也称话筒、微音器。麦克风是将声音信号转换为电信号的能量转换器件。其分类有动圈式、电容式、驻极体和最近新兴的硅微传感器,此外还有液体传声器和激光传声器,及压电式 TEDS 传声器。

用于铺面巡检的传声器采用丹麦 GRAS 46AE 传声器,如图 2.2-1 所示。丹麦 GRAS 46AE 传声器是高质量的 IEC 61094 WS2F 标准化 GRAS 40AE 1/2 英寸预极化自由场麦克风,旨在在多种环境下保持长期可靠。高灵敏度和高可靠性使 46AE 成为具有 CCP 选项的声级计/分析仪的首选测量麦克风,可凭借其实现 IEC 61672 1 类测量。预极化通过驻极体获得,驻极体在高度受控的条件下作用在麦克风背板上。然后对驻极体充电以匹配指定的麦克风灵敏度。支持频率范围3.15~20kHz,50mV/Pa 稳定的灵敏度,-30~85℃的稳定工作范围。

用传声器采集轮胎路面噪声,由于前轮需要负责车辆转向控制,车辆转向时的轮胎横向摩擦噪声会对检测路面噪声造成干扰,所以选择在左右两侧后轮附近安装采集用麦克风,仅采集后轮的轮胎路面噪声。在轮胎前后的位置选定上,进行了试验对比,由于车辆向前行驶,当传声器安装在轮胎后侧时对采集的声音更完善,造成的声音损失更小。

因为车辆行驶时不可避免的振动因素,需要使用刚性的连接,保证传声器与车体间固定牢固不至于抖动变形以及损坏。同时行驶风噪也会干扰声音的采集,需要在传声器前端安装传声器风球消除风噪干扰,如图2.2-2所示。

图 2.2-1　46AE 传声器

图 2.2-2　工作传声器安装位置

2.2.2　动态胎压监测仪

动态胎压监测仪的核心部件为动态压力传感器。动态压力传感器是能感受压力信号,并能按照一定的规律将压力信号转换成可用的、可输出的电信号的高精度测量器件。

用于铺面巡检的动态胎压监测仪采用的是美国 PCB 公司的 106B52 动态压力传感器(图 2.2-3),灵敏度为 725mV/kPa,最大压力测量动态范围为 68.9kPa,最大静态压力值为 345kPa,压力分辨率为 0.0013kPa,高频响应大于 40kHz,低频响应可达 2.5Hz,信号定压输出 −5 ~ +5V。

动态压力传感器前端需要接触到轮胎内部气体才能测量胎压变化,那么传感器的外壳结构腔体内部将与轮胎内部空间相互连通。基于轮胎气门嘴的结构,在气门嘴的基础上制作一个三通结构,一端接原轮胎气门嘴,一端接动态胎压传感器,剩下的一端用于轮胎养护时的充放气操作,其安装位置如图 2.2-4 所示。由于该三通结构与胎内空间直接连通,保障了三通结构内的气压变化与胎内气压变化一致,所以采集的胎压变化是真实有效的轮胎气压变化量。为了保障结构的气密性,我们使用密封圈与密封生料带的方式实现对整个结构的气体密封,避免轮胎漏气导致的安全问题。

图 2.2-3　106B52 传感器　　　　图 2.2-4　动态胎压监测仪安装位置

2.2.3　GNSS/INS + DMI 组合导航定位系统

本研究的定位功能采用全球卫星导航系统(GNSS)/惯性导航系统(INS) + 距离编码器(DMI)组合导航定位系统,其技术原理如图 2.2-5 所示。

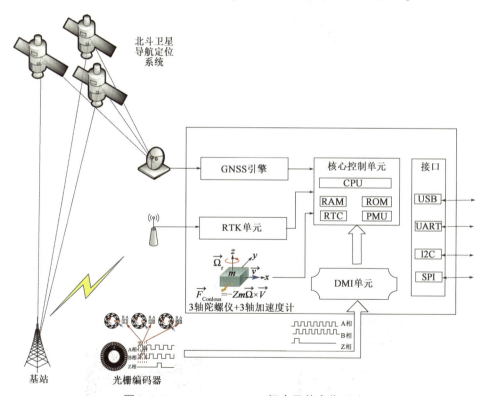

图 2.2-5　GNSS/INS + DMI 组合导航定位系统

RTK-实时动态载波相位差分技术;CPU-计算机处理器;RAM-随机存取存储器;ROM-只读存储器;RTC-实时时钟;PMU-电源管理单元;USB-通用串行总线;UART-通用异步收发器;I2C-一种通信协议;SPI-串行外设接口

1）全球导航卫星系统（GNSS）

全球导航卫星系统（Global Navigation Satellite System, GNSS）具有较高的精度和较低的成本，导航误差不随时间累积。本研究采用北斗卫星导航定位系统。

2）惯性导航系统（INS）

惯性导航系统（Inertial Navigation System, INS）根据牛顿力学原理，由陀螺仪和加速度计测得载体相对于惯性空间的角速度和比力信息，再通过积分求得载体的三维速度、位置和姿态信息等导航参数。INS 是一种自主性强、隐蔽性好、不受气象条件限制、短时精度高的导航系统，但是其导航定位误差会随时间积累，难以满足长时间独立导航需求。而惯性导航系统可测量车辆受路面不平整导致的行驶竖向振动。本研究使用丹麦 BK4507-B-001 型加速度传感器（图 2.2-6），该压电式加速度传感器专门设计用于恶劣环境中的汽车导航。它的高灵敏度、重量轻和小物理尺寸的组合使其非常适用于模态测量。

图 2.2-6　BK4507-B-001 型加速度传感器

在车辆的弹簧模型中，当处于弹簧上方位置时，因为汽车自身减振的阻尼特性，轮胎竖向振动将大幅衰减，只有安装于弹簧下方位置时才能更准确地测量路面不平整导致的车辆振动。经过整车的模型分析，我们将加速度传感器安装在处于弹簧下方的轮胎下臂支架上，并且尽量靠近轮胎位置，如图 2.2-7 所示。该处位置和轮轴硬性连接，可以等效测量轮胎的竖向振动。

图 2.2-7　加速度传感器安装图示

3) 里程测量单元（DMI）

DMI 编码器用于测量车辆行驶距离，使用德国 baumer 公司的 HS35F03600T 型光电编码器（图 2.2-8）。该编码器分辨率为 3600 脉冲/圈，编码器适应 -40~100℃ 的工作温度范围，能长期、稳定、可靠地工作。

编码器的中空结构安装有一个水银滑环，水银滑环用于在编码器旋转时跟随它并将动态胎压传感器的信号线连接至车内采集终端。编码器旋转的一端固定在轮胎轮毂上，另一端使用立杆和车体相连接，以确保轮胎转动时编码器一端旋转运动而另一端固定不动，如图 2.2-9 所示。

图 2.2-8　HS35F03600T 型光电编码器

图 2.2-9　编码器安装图示

2.3　智能化巡检车集成

2.3.1　数据采集终端

多功能声学数据采集终端硬件组成如图 2.3-1 所示，基于低功耗处理器 ARM 框架的 NXP i.MX6 芯片为主控制芯片，选用致远电子 ZLG M6708T 核心板为中央控制单元，集成声学数据采集单元、陀螺仪传感器姿态测量模块、北斗空间定位模块、DMI 里程测量模块、5G 网络、Wi-Fi 网络、有线网络、控制器局域网络（CAN）接口等。硬件实物如图 2.3-2 所示。

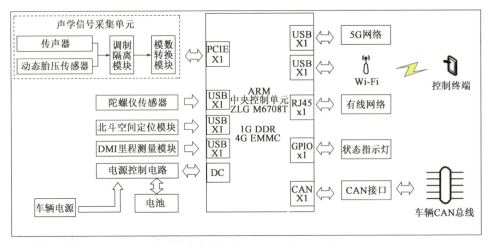

图 2.3-1 多功能声学数据采集终端框图

PCIE-高速外设互连接口；RJ45-布线系统中信息插座连接器的一种；GPIO-通用型输入/输出；DDR-内存的一种；EMMC-内线式储存器标准规格

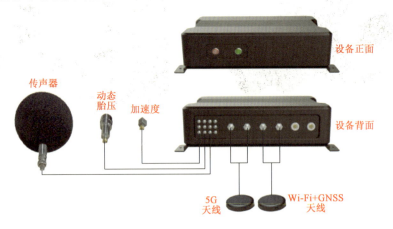

图 2.3-2 多功能声学数据采集终端

2.3.2 底盘车选型

目前,国内的路面质量检测车所使用的车型类别有中型客车、运动型多用途汽车(SUV)、多用途汽车(MPV)、货车等,国内对检测车的改装技术积累已经相当丰富,并已经有完善的检测车改装产业链。路面质量检测车这些类型底盘车的通用需求是车辆通过性较高,能应对不同路况特性,同时车辆高度较高、车内空间大,方便搭载相关的设备与传感器。国内主流路面质量检测车如图 2.3-3 所示。

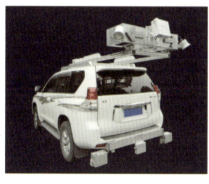

图 2.3-3　国内主流路面质量检测车

在对不同管养单位业主的调研中,我们发现在日常的巡检作业过程中,由于皮卡车的可载人载货的特性非常便于在巡检过程中装载工具、捡拾路面抛撒物等,巡检人员一般会选择皮卡车作为交通工具(图 2.3-4)。

图 2.3-4　公路巡检用皮卡车

结合行业内检测底盘车特性以及道路管养单位的使用习惯,我们选择使用皮卡车作为铺面健康状况自动化巡检装备底盘车,它不仅具有高通过性、可用空间大等优势,同时载货量较大的特性在日常巡检作业中也更加实用。

在调研了国内主流皮卡车型后,我们选择了某型皮卡车(图2.3-5)。该车搭载2.0t涡轮增压发动机,其最大功率为145kW,峰值扭矩345N·m。

图2.3-5 皮卡车外形图

2.3.3 电源供电方案

基于声学的铺面健康状况感知车载平台供电模块由车辆电源单元、电源控制电路、电源保护电路、稳压恒流电路和电源逆变单元组成。感知车载平台主要由车辆电源单元提供电源,车辆电源单元可为感知设备及操作笔记本电脑终端提供交流220V 10A和2通道直流12V 10A稳定电源。在车辆行驶过程中,使用底盘车发电机12V直流电源为车载电池组充电,并通过DC/DC稳压模块对电压变化明显的车载电源进行稳压,保障用电设备的输入电压可稳定在12V。

2.3.4 整车集成方案

铺面健康状况自动化巡检装备包括搭载设备的底盘车、自主开发设计的铺面健康状况感知设备以及相关的传感器。需要与整车集成布置的传感器包括用于检测轮胎-路面噪声的传声器、检测轮胎-路面颠簸的动态胎压传感器、检测车辆竖向振动的加速度传感器以及计算车辆检测路段里程的编码器。

整车集成需要考虑的因素有:

(1)整车电气系统的可靠性;

(2)整车安全性以及改装符合相关法规;

(3)集成改装后的车辆需要进行试验验证。

在充分考虑以上因素的基础上,我们进行了底盘车选型、电源供电方案研究以及相关传感器布置方案设计,如图2.3-6所示。

图 2.3-6　整车集成方案图

在铺面巡检车集成研究方向,已经完成相关的结构件定制与整车集成改装,如图 2.3-7、图 2.3-8 所示,并在重庆市进行了桥梁与隧道路测试验,如图 2.3-9 所示。

图 2.3-7　铺面巡检车外部设备图

图 2.3-8　铺面巡检车内部设备图

图 2.3-9　铺面巡检车桥梁与隧道路测试验

2.3.5　数据采集控制软件

数据采集与管理系统的总体设计:分为车载平台与管理平台两大部分,车载平台由数据采集设备与数据采集控制软件组合而成,管理平台由道路巡检管理系统和业务系统组合而成,其中自动化数据处理系统属于管理系统的一部分。软件系统的总体设计框图如图 2.3-10 所示。控制软件在平板电脑上运行,对声学数据采集设备的行为进行控制和监测,声学设备会将采集到的数据上传到云端数据服务器上,数据处理软件将会自动处理数据,处理后的结果将会根据相关规则处理后导入到业务系统中。

2.3.5.1　控制软件功能结构及功能介绍

声学设备控制软件的功能结构如图 2.3-11 所示,划分为四个模块,分别为系统设置、数据管理、窗口显示、采集控制。

1) 系统设置

ftp 服务器配置:配置 ftp 服务器的信息包括服务地址、用户名、密码和端口号。

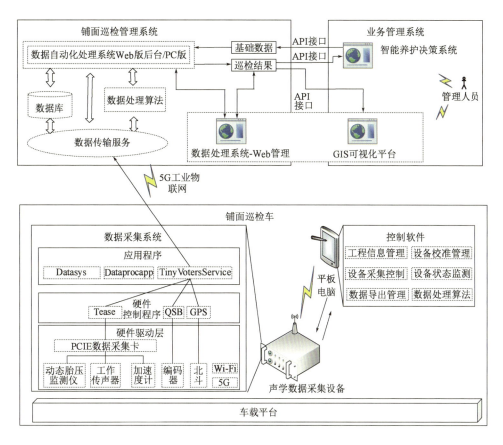

图 2.3-10　软件系统的总体设计框图

Web-网络；PC-个人计算机；API-应用程序

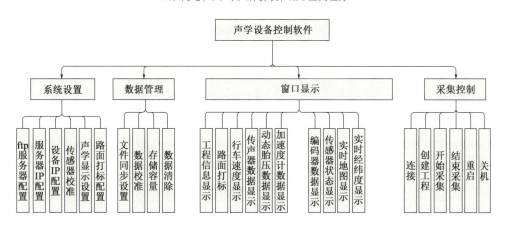

图 2.3-11　控制软件功能结构

服务器 IP 配置：该服务器配置主要指的是后台管理平台的服务器的地址，便于与后台服务交互。

设备 IP 配置:预留,用于可以支持传感器设备的 IP 配置,配置传感器的地址。

传感器校准:用于在设备使用前的设备参数校准,通过可视化的调整参数,让传感器达到可以使用的标准。

声学显示设置:声学显示适用于可以动态调整声学采样率的设备。设置声学设备的采样频率。

路面打标配置:用于打标模块中的打标数据配置,可以配置路面情况、路面材质、公路等级。

2) 数据管理

文件同步设置:需要文件同步到控制软件端的,可以进行设置。

数据校准:文件同步到本地以后需要进行数据文件校准的,校准文件是否有损害。

存储容量:查看采集端设备的存储空间还有多少。

数据清除:对采集端需要的文件可以手动清除,如不手动清除,采集器也会根据自身的需要覆盖以前的文件。

3) 窗口显示

工程信息显示:工程信息展示,创建工程以后将在工程信息栏目看到自己的创建的工程信息名称,同时点击详情可以看到工程信息的具体信息。

路面打标:在采集过程中,需要对当前路段做一些特殊的标记,通过路面打标配置的信息,对路段确认标记。

行车速度显示:展示当前行驶的车速。

传声器数据显示:接收到传声器的数据以后,经过处理,然后在传声器数据显示模块通过波形图形式将其展示出来。

动态胎压数据显示:接收到动态胎压数据以后,通过处理,将动态胎压数据通过波形图形式在动态胎压显示模块展示出来。

加速度计数据显示:接收到加速度计的数据以后,经过处理将加速度计的数据通过波形图的形式在加速度计显示模块展示出来。

编码器数据显示:接收到编码器的数据,通过计算将编码器的数据展示。

传感器状态显示：在连接以后，获取传感器状态，在主界面上可以根据图形及其颜色来确定传感器处于项目的哪个阶段，点击图标可以查看传感器的详情，具体地查看每一个传感器的状态是否正常。

实时地图显示：实时标记当前车辆所处的位置。

实时经纬度显示：实时地显示当前车辆所处的经度、纬度、海拔信息。

4）采集控制

连接：连接采集器，下发配置信息，获取传感器状态信息。

创建工程：创建工程完成工程信息。

开始采集：完成创建工程后，下发开始采集命令。

结束采集：工程结束采集。

重启：重启采集器。

关机：关闭采集器。

2.3.5.2 控制软件业务功能介绍

控制软件界面以及业务功能如图 2.3-12～图 2.3-17 所示。

图 2.3-12　控制软件主界面

图 2.3-13　服务器 IP 配置

图 2.3-14　创建工程

图 2.3-15　开始采集

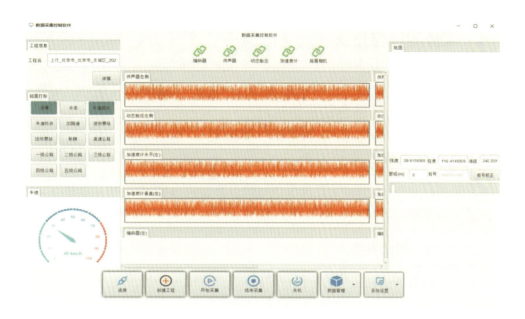

图 2.3-16　路面打标

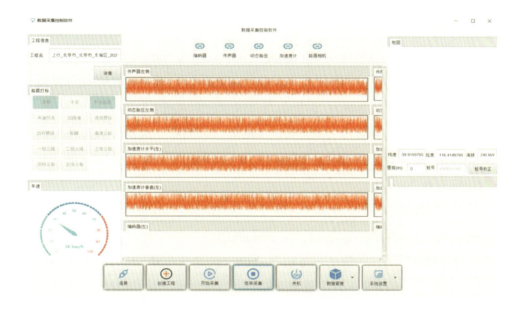

图 2.3-17　结束采集

2.4 装备测试与验证

2.4.1 智能巡检装备自动采集验证

2.4.1.1 期望结果

设备可实现 0～120km/h 速度范围内铺面的轮胎/路面噪声和动态胎压变化数据的自动采集。

2.4.1.2 测试方法

智能巡检装备自动采集验证测试道路图例如图 2.4-1 所示。

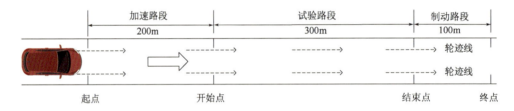

图 2.4-1　智能巡检装备自动采集验证测试道路图例

（1）选取长度不小于 700m 直线道路作为测试道路，其中试验（匀速）路段长 300m，标记明显的轮迹标识线，标记起点、开始点、结束点、终点。

（2）搭载了桥岛隧铺面智能巡检设备的测试车辆停在试验（匀速）路面的开始点位置前 200m 处。启动设备数据采集系统后车辆开始加速，车辆行驶至开始点时速度达到 20km/h。

（3）车辆保持 20km/h 的速度匀速行驶通过试验路段，测试过程中轮胎应沿轮迹线行驶，当车辆行驶至终点标记时，结束测试。

（4）计算试验路段的铺面服务质量值（PSI），并按步骤（2）、（3）重复测试 3 次，取平均值作为铺面服务质量指数 PSI_{20}。

（5）按步骤（2）、（3）、（4），对同一试验路段分别进行 40km/h、60km/h、80km/h、100km/h、120km/h 试验，分别计算出铺面服务质量指数 PSI_{40}、PSI_{60}、PSI_{80}、PSI_{100}、PSI_{120}。

（6）计算 20km/h、40km/h、80km/h、100km/h、120km/h 行驶速度的 PSI 相对

于 60km/h 行驶速度的 PSI 影响误差,计算公式为:

$$E_{vx} = \frac{\text{PSI}_x - \text{PSI}_{60}}{\text{PSI}_{60}} \times 100\% \quad (2.4\text{-}1)$$

式中:E_{vx}——测试速度对 PSI 的影响误差,%;

　　PSI_x——测试速度为 20km/h、40km/h、80km/h、100km/h、120km/h 时的铺面服务质量指数;

　　PSI_{60}——测试速度为 60km/h 时的铺面服务质量指数。

(7)计算出速度影响误差代表值,计算公式为:

$$E_v = \text{MAX}(E_{vx}) \quad (2.4\text{-}2)$$

式中:E_v——测试速度对 PSI 的影响误差最大值,%;

　　E_{vx}——测试速度为 20km/h、40km/h、80km/h、100km/h、120km/h 时的影响误差。

2.4.1.3　测试记录

1)测试地点

重庆市巴南区盛保路、国家客车试验场。

2)速度测试记录

智能巡检装备自动采集验证速度影响测试记录如图 2.4-2 所示。

图 2.4-2　智能巡检装备自动采集验证速度影响测试记录

3）声学信号测量记录

智能巡检装备自动采集验证声学信号测量记录如图 2.4-3 所示。

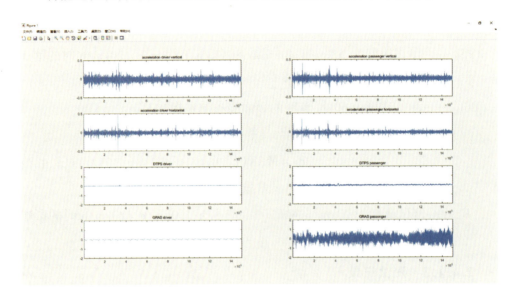

图 2.4-3　智能巡检装备自动采集验证声学信号测量记录

4）速度影响误差测量值

智能巡检装备自动采集验证测试记录见表 2.4-1。

智能巡检装备自动采集验证测试记录　　　　表 2.4-1

速度(km/h)	测试次数			PSI	误差 E
	1	2	3		
20	85.69	88.78	90.65	88.37	0.02%
40	92.64	87.63	96.54	92.27	4.39%
60	83.67	92.86	88.65	88.39	—
80	95.69	94.65	90.65	93.66	5.96%
100	88.65	92.35	92.10	91.03	2.99%
120	80.10	80.65	78.65	79.80	9.72%
速度影响误差最大值 E_v					9.72%

2.4.1.4　测试结果

基于声学的桥岛隧铺面智能巡检设备可实现 0～120km/h 速度范围内铺面轮胎/路面噪声和动态胎压变化数据的自动采集，铺面服务质量指数 PSI 的速度影响误差小于 10%。

2.4.2 基于声学的桥岛隧铺面智能巡检设备同步传输

2.4.2.1 期望结果

设备可实现对 0~120km/h 速度范围内铺面胎噪和胎压数据的同步传输。

2.4.2.2 测试方法

基于声学的桥岛隧铺面智能巡检设备同步传输测试道路图例如图 2.4-1 所示。

(1)选取长度不小于 700m 直线测试道路,其中试验(匀速)路段长 300m,标记明显的轮迹标识线,标记起点、开始点、结束点、终点。

(2)搭载了桥岛隧铺面智能巡检设备测试车辆停在试验(匀速)路面的开始点位置前 200m 处。启动设备数据采集系统后车辆开始加速,车辆行驶至开始点时速度达到 20km/h。

(3)车辆保持 20km/h 的速度匀速行驶通过试验路段,测试过程中轮胎应沿轮迹线行驶,当车辆行驶至终点标记时,结束测试。

(4)使用秒表记录当数据采集系统结束后的同步传输时延 t,并按上述步骤(2)、(3)重复测试 3 次,取平均值作为 20km/h 的同步传输时延 t_{20}。

(5)按照步骤(2)、(3)、(4),对同一试验路段分别进行 40km/h、60km/h、80km/h、100km/h、120km/h 试验,分别计算出同步传输时延 t_{40}、t_{60}、t_{80}、t_{100}、t_{120}。

(6)计算出同步传输时延代表值,计算公式为:

$$t_v = \text{MAX}(t_{vx}) \tag{2.4-3}$$

式中:t_v——测试速度对传声时延的影响最大值,%;

t_{vx}——测试速度为 20km/h、40km/h、60km/h、80km/h、100km/h、120km/h 时的同步传输时延。

2.4.2.3 测试记录

1)测试地点

重庆市巴南区盛保路、国家客车试验场。

2) 速度测试记录

基于声学的桥岛隧铺面智能巡检设备同步传输速度测试记录如图 2.4-2 所示。

3) 数据同步传输记录

基于声学的桥岛隧铺面智能巡检设备同步传输数据同步传输记录如图 2.4-4 所示。

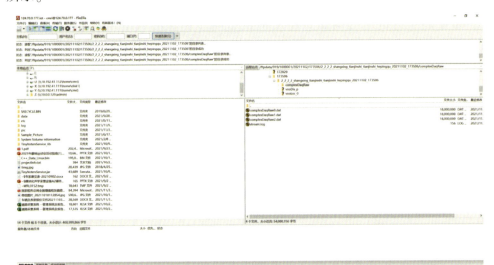

图 2.4-4　基于声学的桥岛隧铺面智能巡检设备同步传输数据同步传输记录

4) 传输时延测量值

基于声学的桥岛隧铺面智能巡检设备同步传输测试记录见表 2.4-2。

基于声学的桥岛隧铺面智能巡检设备同步传输测试记录（单位:s）　表 2.4-2

速度(km/h)	测试次数			平均时延
	1	2	3	
20	22	15	44	27
40	44	33	45	41
60	23	19	50	31
80	38	58	66	54
100	32	45	43	40
120	10	11	19	13
同步传输时延最大值				54

2.4.2.4 测试结果

基于声学的桥岛隧铺面智能巡检设备可实现对 0~120km/h 速度范围内铺面轮胎/路面噪声和动态胎压变化数据的同步传输,同步传输时延小于 60s。

2.4.3 GNSS 定位精度对比测试

2.4.3.1 选定测试线路

选取一条道路,在该道路上选取几个固定的点,并按车道区分出两条路径相同的路线(以五公里轻轨站为起点,经江南立交、真武山隧道、内环快速路、茶园立交,然后返回五公里轻轨站)。

2.4.3.2 数据采集

在差分状态下,分别使用被测设备在选定路段的车道 2 和车道 3 进行定位数据采集。采集数据输出参数需求如图 2.4-5 所示。数据基于 WGS-84 坐标系,输出格式为 txt,如图 2.4-6 所示。

Time in sec	时间(s)
Time in msec	时间(ms)
Latitude(-90, +90)	纬度
Longitude(-180, +180)	经度
Attitude	高程
Velocity along North, mm/sec	北向速度(mm/s)
Velocity along East, mm/sec	东向速度(mm/s)
Velocity along Down=0	竖向速度为0
Angle of yaw	航向角
Degree	度数
Satellite number	卫星数量
Satellite signal	卫星信号
Mean square error	中误差

图 2.4-5 输出参数

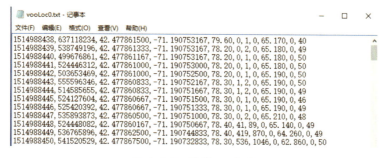

图 2.4-6 输出 txt 文本

2.4.3.3 测试结果

(1) GS20 原始数据基本不能用,需进行二次数据处理后才可使用,同时树木、高架、高楼、隧道的遮挡以及车速等因素对设备的影响很大。

(2) 当处于非隧道环境时,G18、u-blox ZED-F9K、P2 轨迹基本与道路重合,能够清晰地区分相邻的车道,精度相差不是特别明显,但树木、高架等的遮挡对 G18 的影响要大于对 u-blox ZED-F9K、P2 的影响;当处于隧道环境中时,u-blox ZED-F9K 相对比较稳定,而 P2 则相对不稳定,其在隧道中的最大误差达到 150m,G18 则会随着隧道的长度增加,收到的定位数据逐渐减少,当隧道长度大于 900m 时,G18 的定位数据将会出现很大偏差,随后定位数据消失,同时也无法接收时间数据。

(3) 根据各个设备的测试结果以及设备价格,推荐优先采用 u-blox ZED-F9K 作为本项目 GNSS 定位设备。

2.4.4 速度对评价算法的影响消除测试

2.4.4.1 测试场景

测试场地选择重庆机动车强检试验场,主要包含 6 种试验道路及连接道路:

性能试验路:直线段长度为 2km,双向四车道,路面宽度为 17m,纵向坡度为 0,最高设计车速为 220km/h;

防抱死制动系统(ABS)试验路:玄武石低附路面,长度为 300m,宽度为 6m;

噪声试验路:驾驶车道路面宽度为 6m,纵向坡度为 0;

动态广场:直径为 300m,横向坡度为 0,纵向坡度为 0.5%;

试验坡道:坡度为 12%、18%、20%、30%,测试段长度为 30m,路宽为 3.5m,顶坡平路长 20m;

涉水池:长度为 100m,蓄水深度为 0~0.8m;

连接道路:长度约为 1.5km,宽度为 7.5m。

重庆机动车强检试验场可进行总质量不超过 55t、单轴轴荷不超过 14t 的车辆的基本性能(滑行、最高车速、最低稳定车速、加速、能量消耗率、车速表、车辆限速系统)、制动、ABS、平顺性、加速行驶车外噪声、电喇叭装车性能、电子稳定控制系统(ESC)、操纵稳定性、最小转弯直径、转向性能、爬坡、驻坡、涉水等项目的试验与检测。

2.4.4.2 测试过程

在重庆机动车强检试验场性能试验路上,分别采集10km/h、15km/h、20km/h、25km/h、30km/h、40km/h、50km/h、60km/h、70km/h、80km/h、100km/h车速下的原始数据。

2.4.4.3 测试结果

对采集的原始数据进行分析,未进行速度影响消除之前,在不同速率下A计权自动算法计算出来的MTD值具有一定差异性,如图2.4-7可以看出随着行车速度的提高,计算结果也随着提高。同时可以看出行车速度在80km/h时,自动算法计算出来的MTD值与人工测量的MTD值有较强的相关性,相关系数达0.85。

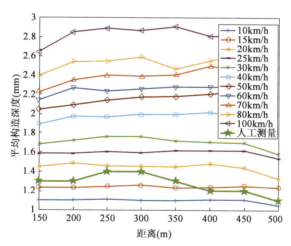

图2.4-7 不同车速下自动算法计算的MTD值和人工测量的MTD值对比

基于试验场的试验数据,不同行车速下轮胎/路面噪声的A计权声压级与速度之间呈对数关系。因此考虑将不同速度下的轮胎/路面噪声标准化到同一速度,结合前文中自动算法计算得出的MTD值与人工测量得出的MTD值在行车速度为80km/h时相关性较强。因此可将不同速度下的轮胎/路面噪声通过对数变换统一到80km/h,从而消除速度对轮胎/路面噪声的影响,如图2.4-8和图2.4-9所示。

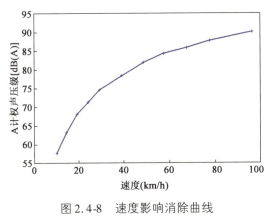

图 2.4-8　速度影响消除曲线

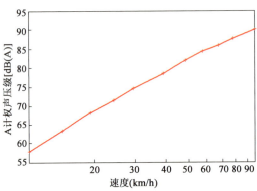

图 2.4-9　消除速度影响后的曲线

通过 $f(x) = a + b * \log_c(x)$ 的对数变换，可以看出该变换公式可以很好地表征速度与轮胎/路面噪声 A 计权滤波声压级之间的关系，如图 2.4-10 所示。

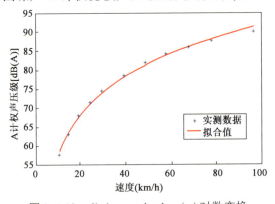

图 2.4-10　$f(x) = a + b * \log_c(x)$ 对数变换

通过对数变换可以将不同速度下的 A 计权声压级标准化到同一速度标准下，从而使得不同速度下的轮胎/路面噪声有相同的声压级，为后续算法计算消除速度的影响，如图 2.4-11 所示。

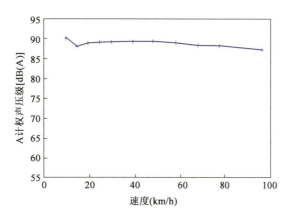

图 2.4-11 消除速度影响后的曲线

在 10km/h 行车速度下,未采用对数变换后计算出来的 MTD 值与采用对数变换后计算的 MTD 值对比如图 2.4-12 所示。

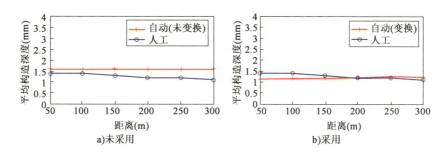

图 2.4-12 未采用对数变换与采用对数变换对比（10km/h）

20km/h 行车速度下,未采用对数变换后计算出来的 MTD 值与采用对数变换后计算的 MTD 值对比如图 2.4-13 所示。

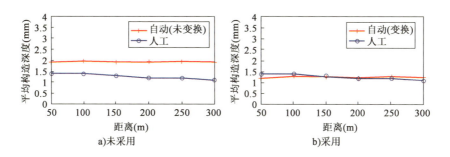

图 2.4-13 未采用对数变换与采用对数变换对比（20km/h）

30km/h 行车速度下,未采用对数变换后计算出来的 MTD 值与采用对数变换后计算的 MTD 值对比如图 2.4-14 所示。

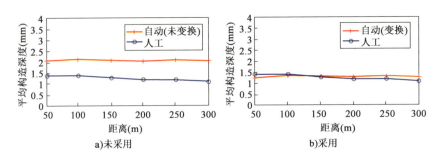

图 2.4-14　未采用对数变换与采用对数变换对比（30km/h）

40km/h 行车速度下，未采用对数变换后计算出来的 MTD 值与采用对数变换后计算的 MTD 值对比如图 2.4-15 所示。

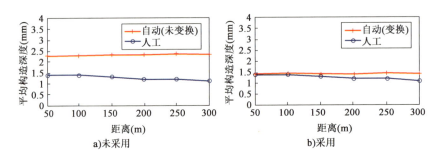

图 2.4-15　未采用对数变换与采用对数变换对比（40km/h）

60km/h 行车速度下，未采用对数变换后计算出来的 MTD 值与采用对数变换后计算的 MTD 值对比如图 2.4-16 所示。

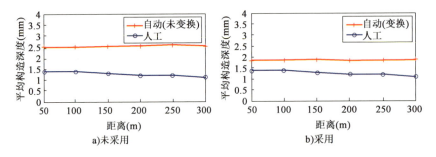

图 2.4-16　未采用对数变换与采用对数变换对比（60km/h）

80km/h 行车速度下，未采用对数变换后计算出来的 MTD 值与采用对数变换后计算的 MTD 值对比如图 2.4-17 所示。

综上，根据实际试验数据可以看出对轮胎/路面噪声进行 A 计权滤波后做对数变换将各行车速度下的声压级标准化到同一速度下后，速度不同对 MTD 值几乎无影响。

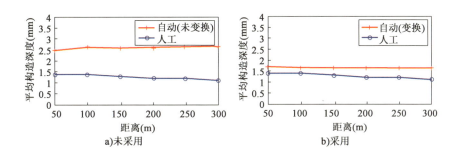

图 2.4-17　未采用对数变换与采用对数变换对比（80km/h）

2.4.4.4　测试场景

测试路段全长约 3km，路面车流量较少，道路较长且为直线，适合选作城市路况道路数据采集路段。

2.4.4.5　测试过程

在测试路段进行 20km/h、40km/h、80km/h、110km/h 车速下的数据采集，如图 2.4-18 所示。

2.4.4.6　测试结果

对测试路段 20～110km/h 试验数据进行了分析，图 2.4-19 为速度影响消除前轮胎/路面噪声的能量谱对比，可见同一段路面不同速度下的轮胎/路面噪声的能量谱不一样。

图 2.4-18　盛保路实测

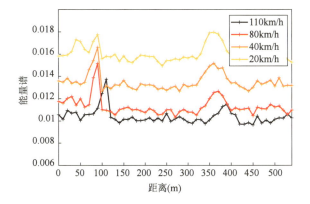

图 2.4-19　速度影响消除前轮胎/路面噪声的能量谱对比

图 2.4-20 为速度影响消除后轮胎/路面噪声的能量谱对比,可见经过速度影响消除之后同一段路面不同速度下的能量谱几乎一样。

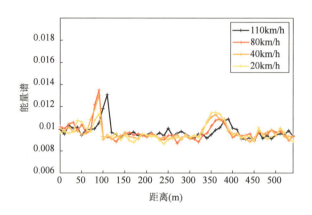

图 2.4-20 速度影响消除后轮胎/路面噪声的能量谱对比

2.4.5 编码器输出对应路面尺寸比例测试

2.4.5.1 测试过程

在路面按照轮胎每转动 1 圈做一次编码器数据测试,记录编码器起止刻度,以及对应测量行驶距离,如此反复测试 10 次如图 2.4-21 所示。

在路面按照轮胎每转动 10 圈做一次编码器数据测试,记录编码器起止刻度,以及对应测量行驶距离,如此反复测试 5 次。

在路面按照检测车行驶 1km 做一次编码器数据测试,记录编码器起止刻度,以及对应测量行驶距离,如此反复测试 5 次。

图 2.4-21 轮胎转动距离测试

根据以上三种测试方法,得到测试数据如表 2.4-3 所示。

2.4.5.2 测试结果

对比三种编码器测试方法,计算结果偏差较小,可取用 0.591mm/刻度作为编码器输出距离比值参数。

编码器数据统计表　　　　　　　　表 2.4-3

	测试距离（cm）	编码器起始值	编码器结束值	编码器增量（刻度）	编码器输出比值（mm/刻度）	平均值（mm/刻度）
轮胎每 1 圈测试数据	211.5	66650827	66654354	3527	0.600	0.592
	214.0	66654354	66657978	3624	0.591	
	213.5	66657978	66661596	3618	0.590	
	213.0	66661596	66665268	3672	0.580	
	214.0	66665268	66668859	3591	0.596	
	215.0	66668859	66672475	3616	0.595	
	213.0	66672475	66676063	3588	0.594	
	213.5	66676063	66679645	3582	0.596	
	214.5	66679645	66683335	3690	0.581	
	211.0	66683335	66686870	3535	0.597	
轮胎每 10 圈测试数据	2134.5	66686870	66722906	36036	0.592	0.591
	2133.4	66686830	66722952	36122	0.591	
	2133.2	66686804	66722879	36075	0.591	
	2133.0	66686754	66722878	36124	0.590	
	2133.4	66686831	66722882	36051	0.592	
行驶距离每 1km 测试数据	100000	33559021	35247167	1688146	0.592	0.592
	100000	37067676	38756112	1688436	0.592	
	100000	40576347	42263973	1687626	0.593	
	100000	44104022	45791808	1687786	0.592	
	100000	47626475	49313489	1687014	0.593	

第 3 章

铺面健康状况评估体系

3.1 铺面服务质量指数评价

3.1.1 评价指标与评定等级

铺面健康状况反映了桥岛隧铺面的服务状态,本书基于路噪仪和动态胎压监测仪采集的声波指数和胎压指数,提出了用于综合评价基于车辆响应的铺面状况评价指标——铺面服务质量指数(PSI)(图3.1-1)。PSI由相应的分项评价指标路噪指数(PAI)和颠簸指数(PFI)构成:$PSI = c_1 \cdot PAI + c_2 \cdot PFI$。PAI和PFI分别由路噪度(AV)和颠簸度(FV)计算而得。

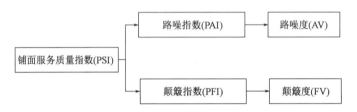

图3.1-1 桥岛隧铺面健康状况评定指标

对于桥岛隧铺面健康状况的评定指标分为五个等级,按等级划分不同的标准水平:优、良、中、次、差,如表3.1-1所示。

桥岛隧铺面健康状况评定等级 表3.1-1

评价等级	优	良	中	次	差
铺面服务质量指数(PSI)	≥90	≥80,<90	≥70,<80	≥60,<70	<60
颠簸指数(PFI)	≥90	≥80,<90	≥70,<80	≥60,<70	<60
路噪指数(PAI)	≥90	≥80,<90	≥70,<80	≥60,<70	<60

桥岛隧铺面健康状况评定等级为"优、良"则建议进行一般关注;评定等级为"中"则建议进行重要关注,列为重要巡检目标;评定等级为"次、差"则建议进行特别关注,且需要进行桥岛隧铺面技术状况专项检测。

3.1.2 权重参数的确定

总体研究思路是通过专家打分法评价不同技术状况等级道路行驶质量,采用基于最小二乘法的综合权重参数估计法,求出声波指数和胎压指数权重系数,最终确定路面行驶状况指数计算公式。

根据研究计算得出的 PAI、PFI，通过构建二元线性模型的方法，得出 PSI，如下式所示。

$$\text{PSI} = c_1 \cdot \text{PAI} + c_2 \cdot \text{PFI} \tag{3.1-1}$$

将式(3.1-1)改写为矩阵形式，得到式(3.1-2)。

$$\boldsymbol{S} = \boldsymbol{H} \times \boldsymbol{\theta} \tag{3.1-2}$$

其中，

$$\boldsymbol{H} = \begin{bmatrix} \text{PAI}_1 & \text{PFI}_1 \\ \text{PAI}_1 & \text{PFI}_2 \\ \vdots & \vdots \\ \text{PAI}_n & \text{PFI}_n \end{bmatrix}$$

$$\boldsymbol{\theta} = \begin{bmatrix} c_1 & c_2 \end{bmatrix}^{\text{T}}$$

$$\boldsymbol{S} = \begin{bmatrix} \text{PSI}_1 & \text{PSI}_2 & \cdots & \text{PSI}_n \end{bmatrix}^{\text{T}}$$

假设该 N 段路面的行驶状况的专家评价结果为 $\boldsymbol{F} = [f_1 \ f_2 \ \cdots \ f_n]^{\text{T}}$，则可设置最小二乘目标函数。

$$J(\boldsymbol{\theta}) = \sum_{i=1}^{n} (f_i - s_i)^2 = (\boldsymbol{F} - \boldsymbol{H}\boldsymbol{\theta})^{\text{T}} (\boldsymbol{F} - \boldsymbol{H}\boldsymbol{\theta}) \tag{3.1-3}$$

将式(3.1-3)对矢量参数 θ 求偏导得到梯度函数：

$$\frac{\partial J(\boldsymbol{\theta})}{\partial \boldsymbol{\theta}} = -2\boldsymbol{H}^{\text{T}}\boldsymbol{F} + 2\boldsymbol{H}^{\text{T}}\boldsymbol{F}\boldsymbol{\theta} \tag{3.1-4}$$

令梯度等于零，可得 θ 的估计量为：

$$\widehat{\boldsymbol{\theta}} = (\boldsymbol{H}^{\text{T}}\boldsymbol{H})^{-1}\boldsymbol{H}^{\text{T}}\boldsymbol{F} \tag{3.1-5}$$

3.1.2.1 专家打分法

为获得路面技术状况的真实、客观评价结果，可采用专家打分法对路面行驶质量进行评价。专家打分法，即征询有关专家的意见，对专家意见进行统计、处理、分析和归纳，客观地综合多数专家经验与主观判断，对大量难以采用技术方法进行定量分析的因素做出合理估算，完成对目标对象的评估。该方法的计算方法简便、直观性强,能够对无法定量化的指标进行定性评价。

评价工具由 GPS、车载无线路由器(带移动网络)、智能手机(5 个)、控制用计算机、移动服务器组成。研究人员自主开发了评价网页,评价人员自带智能手机,通过网络连接至车载路由器,打开相应的网页即可进行评分。舒适度分为 3 个区(舒适区、较不舒适区、不舒适区)9 档,评分界面如图 3.1-2 所示。

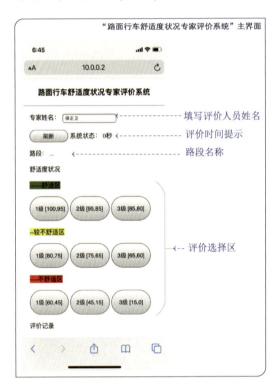

图 3.1-2　专家评分界面

车辆正常上路行驶,车速控制在 70~90km/h 范围内,由 GPS 记录评价路段位置,每隔 20s,电脑发出提示音,各打分者对前 20s 经过的路段进行评价,给出舒适度等级,服务器进行记录。记录完成后,将 10 位专家的评分记录汇总,剔除评价误差最大的一个,取其余 9 位专家评分的平均值作为该 20s 经过的路段的舒适度最终评分。该 20s 经过的路段的数据由车载高精度 GPS 记录,与检测车实际检测的路段相匹配,即可进行比对分析。

3.1.2.2　评价路段

研究选择港珠澳大桥主线段、曾家岩嘉陵江大桥、渝黔高速、渝航大道、南涪路、重庆内环快速路等路段进行打分分析。采用渝黔高速下行车道、渝航大道上行超车道、南涪路上行车道进行评价结果准确性验证,其余路段用于计算 PSI 计算公式中的参数。通过计算得到的 PAI、PFI 以及对应的专家评分为测试数据对矢量参数最小二乘法计算,最终得到 θ = [0.35 0.65]。

3.1.2.3 参数验证

基于所得到的 θ,计算出铺面服务质量指数(PSI),确认 PSI 位于的区间[舒适区(10~100)、较不舒适区(60~80)、不舒适区(0~60)]并与渝黔高速下行车道、渝航大道上行超车道、南涪路上行车道的专家打分结果对比,进行准确性验证。

图 3.1-3~图 3.1-5 的验证结果表明计算得到的渝黔高速下行车道、渝航大道上行超车道、南涪路上行车道的 PSI 的验证结果准确度分别为 85.62%、91.67%、85.61%。

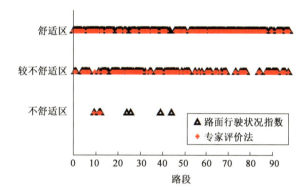

图 3.1-3 渝黔高速下行车道验证结果

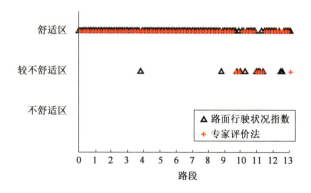

图 3.1-4 渝航大道上行超车道验证结果

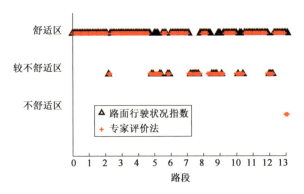

图 3.1-5　南涪路上行车道验证结果

由此可见采用 PAI 和 PFI 二元线性模型计算得到 PSI 参数 θ = [0.35 0.65]，与专家评分结果较为一致，能够很好地反映基于车辆响应的路面技术状况。

3.1.3　分项指标的计算

3.1.3.1　路噪指数评定

(1) 铺面路噪指数 PAI 的评定按式(3.1-6)计算。

$$PAI = 100/(1 + 0.045 \times e^{0.081AV}) \tag{3.1-6}$$

式中：AV——路噪度，dB。

其中路噪度 AV 的计算公式为：

$$AV = \int_{f_l}^{f_h} PCA\left\{FFT\left[f_w\left(L_x + b \cdot \lg\frac{v_n}{v_x}\right)\right]\right\}df \tag{3.1-7}$$

式中：AV——路噪度，dB；

f_l——频率下界，取值为 100Hz；

f_h——频率上界，取值为 1000Hz；

PCA——主成分分析，取第一主成分；

f_w——路噪计权滤波函数；

L_x——v_c 速度下的 A 声级，dB；

v_n——标准速度，取值为 80km/h；

v_x——当前行驶速度，km/h；

b——速度系数，取值为 2.79；

FFT——傅立叶变换。

其中 f_w 路噪计权滤波函数：

$$f_w = \frac{(2\pi f_c)^5}{(2\pi f_c)^5 + 3.3261(2\pi f_c)^4 f + 5.2361(2\pi f_c)^3 f^2 + 5.2361(2\pi f_c)^2 f^3 + 3.3261(2\pi f_c)^1 f^4 + f^5}$$

(3.1-8)

式中：f_w——路噪计权滤波函数；

f_c——滤波计权频率，取值为 2kHz；

f——路噪信号频率，Hz。

（2）路噪度 AV 的计算按下列步骤。

①对轮胎-路面耦合声音原始数据按 10m 进行分割。

②进行频域变换和计权滤波，去除环境噪声影响再反变换到时域。

③对滤波后的声学数据进行频域变换，通过滑动窗和低通滤波器保留 0~2kHz 频段数据。

④对低频数据进行主成分分析取出第一主成分量。

⑤对第一主成分量在 100~1000Hz 频段进行积分，得出当前路段的路噪度。

⑥双轮迹巡检时，取左右轮迹带路噪度的大值计算 PAI。

3.1.3.2 颠簸指数评定

（1）PFI 的评估应按式（3.1-9）计算。

$$PFI = 104 \times e^{-0.0185 \times FV - 0.0555}$$

(3.1-9)

式中：FV——颠簸度，kPa/mm^2，计算方法按式（3.1-10）。

（2）颠簸度 FV 的计算按下列步骤：

①对动态胎压检测仪原始数据宜按 10m 长度进行分割。

②对数据进行速度拟合。

③进行胎压计权滤波。

④计算颠簸度。

⑤双轮迹巡检时，取左右轮迹带颠簸度的最大值计算路面颠簸指数 PFI。

（3）颠簸度 FV 的计算公式为：

$$FV = \sqrt{\frac{1}{n}\int_{t_0}^{t_0+\tau}\left[f_w\left(P_x + b \cdot \lg\frac{v_n}{v_x}\right)\right]^2 dt}$$

(3.1-10)

式中：FV——颠簸度，kPa/mm^2；

n——胎压信号采样统计数值；

τ——胎压信号采样时间，s；

t_0——瞬时时间，s；

f_w——胎压计权滤波函数；

P_x——v_c速度下的胎压变化值，kPa；

v_n——标准速度，取值为80km/h；

v_x——当前行驶速度，km/h；

b——速度系数，取值为2.79。

其中，胎压计权滤波函数：

$$f_w = W_{\lim}(f) \times W_{\text{trans}}(f) \tag{3.1-11}$$

式中：f_w——胎压计权滤波函数；

$W_{\lim}$——频带界限滤波网络；

W_{trans}——特定频段的计权滤波网络。

频带界限滤波网络$W_{\lim}$：

$$W_{\lim}(f) = \sqrt{\frac{f^4}{f^4 + f_1^4}} \times \sqrt{\frac{f_2^4}{f^4 + f_2^4}} \tag{3.1-12}$$

式中：$W_{\lim}$——频率f上的增益修订值；

f_1——低通截止频率，取值为100Hz；

f_2——高通截止频率，取值为0.4Hz；

f——动态胎压信号频率，Hz。

特定频段的计权滤波网络W_{trans}：

$$W_{\text{trans}}(f) = \sqrt{\frac{f^2 + f_3^2}{f_3^2}} \times \sqrt{\frac{f_4^4 q_4^2}{f^4 q_4^2 + f^2 f_4^2(1 - 2q_4^2) + f_4^4 q_4^2}} \times \frac{q_5}{q_6} \times \\ \frac{\sqrt{f^4 q_5^2 + f^2 f_5^2(1 - 2q_5^2) + f_5^4 q_5^2}}{\sqrt{f^4 q_6^2 + f^2 f_6^2(1 - 2q_6^2) + f_6^4 q_6^2}} \tag{3.1-13}$$

式中：W_{trans}——特定频率f上的增益修订值；

f_3——转折增益频带界限值，取值为12.5Hz；

f_4——转折增益频带界限值，取值为25Hz；

f_5——转折增益频带界限值,取值为2.37Hz;

f_6——转折增益频带界限值,取值为3.38Hz;

q_4——频率计权参数,取值为0.63;

q_5——频率计权参数,取值为0.91;

q_6——频率计权参数,取值为0.91;

f——动态胎压信号频率,Hz。

3.2 路噪指数影响因素研究

3.2.1 轮胎-铺面噪声产生及增强机理

当轮胎与铺面接触时,由于轮胎胎面花纹块与铺面之间会有复杂相互作用而产生噪声。学术界对轮胎-铺面噪声产生及辐射机理的认识,主要分为两类:一是接触区前、后缘的外胎面振动经过号筒效应向外辐射声能,二是接触区前、后缘空气被突然挤出和吸入而形成的单极子噪声源。

3.2.1.1 机械振动机制

轮胎的径向和切向振动。轮胎的径向(radial)振动是由铺面不平整部分撞到(在前缘上)和离开(在后缘上)胎面元件所激发的。切向(tangential)振动是由轮胎凸起单元中的切向力激发的(图3.2-1)。

胎体和胎壁振动。轮胎与道路界面处产生的振动能量因为轮胎胎体的响应而增强,振动波在胎面带中传播(胎面带是位于胎面花纹块附近的轮胎结构元件)。因胎体与胎侧振动产生了从轮胎胎体辐射出的声音。此外,靠近接触表面的轮胎胎体侧壁也会振动并辐射噪声,如图3.2-2所示。

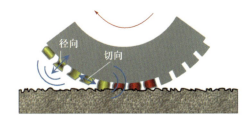

图3.2-1 轮胎的径向和切向振动

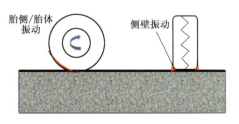

图3.2-2 胎体和胎侧振动

黏滑作用。轮胎与铺面接触时在荷载作用下会在铺面与切向之间产生切向力,该力主要通过铺面与轮胎之间的摩擦力和轮胎劲度来抵消。当切向力超过摩擦力时,花纹块会轻微滑动,然后重新黏附到铺面上,如图 3.2-3 所示。由于胎面单元的滑动引起的黏附性损失和由胎面变形引起的滞后摩擦的增加而发生滑黏作用。Nelson 研究发现了横向和纵向滑黏作用,特别是后沿的滑黏作用,是形成振动噪声的主要来源。

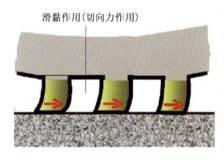

图 3.2-3　黏滑作用

3.2.1.2　空气动力学机制

空气泵吸效应(图 3.2-4)。当轮胎在铺面上滚动时,与铺面接触的轮胎胎面花纹被压缩变形,使得轮胎花纹孔隙中的空气被挤压和排出,从而形成局部不稳定的气流。当轮胎通过铺面导致花纹孔隙关闭时,在孔中形成大压力气团。当轮胎离开孔隙接触表面时,空气重新填充拉伸的胎面花纹的孔隙,形成"空气泵送"现象。这种现象产生的噪声被称为气压噪声。

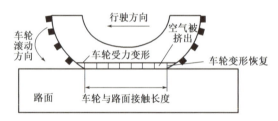

图 3.2-4　空气泵吸效应

管柱腔体亥姆霍兹共振。指的是空气在一个腔中的共振现象,例如在一个空瓶子的瓶口吹气引起的共振。当外胎沟槽离开轮胎-铺面接触区域的瞬间,沟槽喷口和内腔形成了亥姆霍兹共振腔,并且会在较窄的频率范围内产生共振效应。同时,这种共振放大效应具有很强的频率选择性。图 3.2-5 是管柱腔体和亥姆霍兹共振示意。

内部声学共振。用于给轮胎充气的空气也受到轮胎振动的影响,在一定频率下,轮胎内部的空气将产生共振,如图 3.2-6 所示,其中颜色较深的部分表明此部分的空气发生了共振现象。轮胎内部空气的响应足以使这些共振"听得见",但其对外部噪声的影响很小。

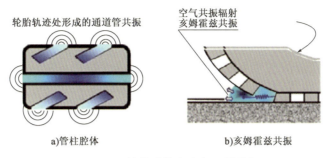

图 3.2-5　管柱腔体和亥姆霍兹共振

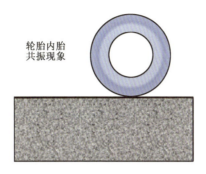

图 3.2-6　胎内空气声学共振

轮胎-铺面噪声的构成及频率范围如图 3.2-7 所示。有研究表明,轮胎-铺面噪声中由于铺面所引起的振动噪声频率范围主要集中在 100~1000Hz。

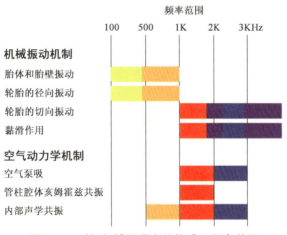

图 3.2-7　轮胎-铺面噪声的构成及频率范围

3.2.2　声波指数算法研究

3.2.2.1　包络声能算法研究

包络声能计算以轮胎-路面噪声 x 和行车速度 v 为输入,经过速度声压拟合消除行车速度对轮胎-路面噪声声压级的影响,采用谱减计权法对风噪、发动机噪声和交通噪声进行干扰抑制,然后对去噪后的信号进行加窗重构并采用主成分分析法去除冗余信息并完成特征提取,基于所提取出的第一主成分分量在特定频段上进行积分得到包络声能,整个算法流程如图3.2-8所示。

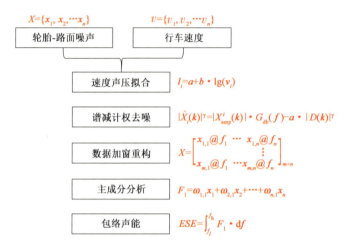

图 3.2-8 包络声能算法流程

1) 速度声压拟合

图3.2-9为不同行车速度下轮胎-路面噪声频谱瀑布图,由图可以看到,随着车辆行驶速度增大,噪声信号幅值增大,谱峰向高频方向延伸且更密集。表明轮胎-路面噪声信号受行车速度的影响。

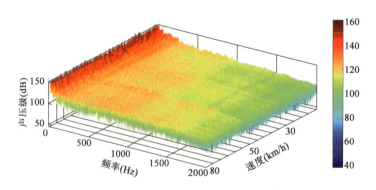

图 3.2-9 不同行车速度下轮胎-路面噪声频谱瀑布图

相关研究表明,等效连续 A 声级与行车速度的对数函数呈线性关系,它们之间存在经验模型:

$$L_A = n + m\lg v \tag{3.2-1}$$

式中：L_A——A 计权声压级，dB(A)；

n——路面类型相关的常系数；

m——速度系数；

v——行车速度，km/h。

结合不同速度下轮胎-路面噪声的实测数据，可将上述经验模型改写为矩阵形式：

$$\begin{bmatrix} 1 & \lg v_1 \\ \vdots & \vdots \\ 1 & \lg v_n \end{bmatrix} \cdot \begin{bmatrix} n \\ m \end{bmatrix} = \begin{bmatrix} L_1 \\ \vdots \\ L_n \end{bmatrix} \quad (3.2\text{-}2)$$

令

$$\boldsymbol{V} = \begin{bmatrix} 1 & \lg v_1 \\ \vdots & \vdots \\ 1 & \lg v_n \end{bmatrix}, \boldsymbol{L} = \begin{bmatrix} L_1 \\ \vdots \\ L_n \end{bmatrix}, \boldsymbol{\theta} = \begin{bmatrix} n \\ m \end{bmatrix}$$

则有

$$\begin{bmatrix} n \\ m \end{bmatrix} = \boldsymbol{V}^{-1} \cdot \boldsymbol{L} \quad (3.2\text{-}3)$$

表 3.2-1 为试验场道路不同行车速度下实测的轮胎-路面噪声等效 A 声级，其对数线性关系如图 3.2-10 所示。代入上述矩阵计算，求得参数矢量 $\boldsymbol{\theta} = [45.56 \ 12.80]^T$。

不同行车速度下实测等效连续 A 声级数据 [单位:dB(A)]　　表 3.2-1

行车速度 (km/h)	等效连续 A 声级			等效连续 A 声级平均值
	试验-1	试验-2	试验-3	
10	56.21	56.40	57.01	56.54
15	62.89	59.97	62.73	61.87
20	57.69	58.30	60.43	58.81
25	66.23	64.22	63.92	64.79
30	65.18	66.58	62.88	64.89
35	64.59	66.06	64.88	65.17
40	63.55	66.24	67.13	65.65
45	67.78	67.08	66.36	67.07
50	67.60	68.36	69.07	68.34

续上表

行车速度 (km/h)	等效连续 A 声级			等效连续 A 声级 平均值
	试验-1	试验-2	试验-3	
60	69.88	69.02	68.33	69.07
70	68.31	69.19	68.37	68.62
80	69.62	69.03	69.40	69.35
90	70.10	70.32	70.49	70.30
100	70.54	69.52	71.45	70.50
105	70.27	69.87	70.82	70.32

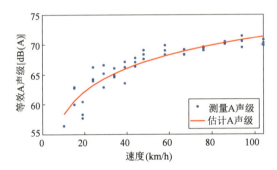

图 3.2-10　行车速度-等效连续 A 声级关系图

同时,选用决定系数(R^2)进行速度与等效连续声级经验模型的性能评价,如果R^2越趋近于 1,则表明模型拟合效果越好。

$$R^2 = 1 - \frac{u}{v} \tag{3.2-4}$$

总平方和(v):

$$v = \sum_{i=1}^{m}(y_i - \bar{y})^2 \tag{3.2-5}$$

残差平方和(u):

$$u = \sum_{i=1}^{m}[y_i - f(x_i)]^2 \tag{3.2-6}$$

因此,可将不同速度下的声压级标准化到同一速度下的声压级,即:

$$L_n = L_c + 12.8\lg\left(\frac{v_n}{v_c}\right) \tag{3.2-7}$$

式中:L_n——标准化速度下的轮胎-路面噪声声压级;

L_c——实际速度下的轮胎-路面噪声声压级;

v_n——标准化速度,通常选取 80km/h;

v_c——实际行车速度。

2) 谱减计权法

借鉴语音信号处理的经验做法,利用加性干扰噪声与轮胎-路面声音信号不相关的特点,在假设噪声是统计平稳的前提下,用无轮胎-路面声音时测得的干扰噪声频谱估计值取代轮胎-路面信号中的干扰噪声频谱,与含干扰噪声的轮胎-路面声音频谱相减,从而获得去除加性干扰的轮胎-路面声音信号的估计值。

将轮胎-路面声音信号 $x[n]$ 加窗分帧后形成 $x_i(m) m=1,2,3\cdots N$。N 为每一帧长度取值为 2^{13},帧移长度为 2^{10}。针对每一帧 $x_i(m)$ 进行快速傅立叶变换运算得到 $X_i(k)$:

$$X_i(k) = \sum_{m=0}^{N-1} x_i(m) \cdot \exp\left(j\frac{2\pi mk}{N}\right) \quad [k=0,1,2\cdots(N-1)] \quad (3.2\text{-}8)$$

根据 $X_i(k)$ 分别计算频域相位 $X^i_{\text{angle}}(k)$:

$$X^i_{\text{angle}}(k) = \arctan\left\{\frac{\text{Im}[X_i(k)]}{\text{Re}[X_i(k)]}\right\} \quad (3.2\text{-}9)$$

根据 $X_i(k)$ 频域带宽进行频域计权增益计算:

$$G_{\text{db}}(f) = 10 \cdot \lg\left[\frac{12194^2 \cdot f^4}{(f^2+20.6^2) \cdot \sqrt{(f^2+107.7^2) \cdot (f^2+737.9^2)} \cdot (f^2+12194^2)}\right]$$
$$(3.2\text{-}10)$$

对第 i 帧将 $X_{i-M}(k),\cdots,X_i(k),\cdots,X_{i+M}(k)$ 等 $2M+1$ 个帧之间取相邻帧间功率谱幅度均值:

$$\overline{X}_i(k) = \frac{1}{2M+1}\sum_{j=-M}^{M} X_{i+j}(k) \quad (3.2\text{-}11)$$

$$X^i_{\text{amp}}(k) = |\overline{X}_i(k)|^\gamma \quad (3.2\text{-}12)$$

通过实验采集到干扰噪声长度 IS,快速傅立叶变换之后的帧数为 NIS,即可计算该部分干扰噪声的功率的平均能量值 $D(k)$:

$$D(k) = \frac{1}{\text{NIS}}\sum_{i=1}^{\text{NIS}} |X_i(k)|^2 \quad (3.2\text{-}13)$$

谱减计权之后得到:

$$|\widehat{X}_i(k)|^\gamma = \begin{cases} |X_{\text{amp}}^i(k)| \cdot G_{\text{db}}(f) - a \cdot |D(k)|^\gamma & |X_{\text{amp}}^i(k)| > b \cdot |D(k)|^\gamma \\ b \cdot |D(k)|^\gamma \cdot G_{\text{db}}(f) & |X_{\text{amp}}^i(k)| < b \cdot |D(k)|^\gamma \end{cases}$$
(3.2-14)

其中,$a=1,b=0.3,\gamma=1$。

3) 主成分分析法

主成分分析(Principal Component Analysis,PCA)是一种掌握事物主要矛盾的多元统计分析方法,也是最为常用的特征提取方法。它通过对原始数据进行加工处理不仅可以降低数据处理的复杂程度,还能够提高数据的信噪比,改善原始数据的抗干扰能力。

PCA 的基本思想是将原来具有一定相关性的指标(例如 n 个指标)进行重新组合,形成一组新的彼此之间互不相关的指标,这些新指标是原来 n 个指标的线性组合,并依据新指标的贡献度选取其中贡献度较大的主成分来代替原来的指标进行后续分析。以最大方差准则为基础确定主成分。依据统计学观点,随机变量的方差代表其含有的信息,方差值越大则表明其包含的信息越多,因此 PCA 能够对原始数据进行冗余分析(降噪)和特征提取。

运用 PCA 方法对轮胎-路面噪声信号进行冗余分析和特征提取的具体过程描述如下。

对轮胎-路面噪声按照时间序列进行采样得到轮胎-路面噪声信号 $X = \{x_1, x_2, \cdots x_{m \cdot n}\}$,对轮胎-路面噪声信号序列 X 进行加窗重构,采用 hanning 余弦函数:

$$\boldsymbol{X} = \boldsymbol{X} \cdot \text{hanning}_n = \begin{bmatrix} x_{1,1} & \cdots & x_{1,n} \\ \vdots & & \vdots \\ x_{m,1} & \cdots & x_{m,n} \end{bmatrix}_{m \times n} = [\boldsymbol{x}_1, \boldsymbol{x}_2, \cdots, \boldsymbol{x}_n] \quad (3.2\text{-}15)$$

其中,$\boldsymbol{x}_i = [x_{1,i}, x_{2,i}, \cdots, x_{m,i}]^T, i=1,2,\cdots,n$。

将原来的 $m \times n$ 个观测信号进行线性组合形成 n 个新的综合信号,即:

$$\begin{cases} \boldsymbol{F}_1 = \omega_{1,1}\boldsymbol{x}_1 + \omega_{2,1}\boldsymbol{x}_2 + \cdots + \omega_{n,1}\boldsymbol{x}_n \\ \boldsymbol{F}_2 = \omega_{1,2}\boldsymbol{x}_1 + \omega_{2,2}\boldsymbol{x}_2 + \cdots + \omega_{n,2}\boldsymbol{x}_n \\ \vdots \\ \boldsymbol{F}_n = \omega_{1,n}\boldsymbol{x}_1 + \omega_{2,n}\boldsymbol{x}_2 + \cdots + \omega_{n,n}\boldsymbol{x}_n \end{cases} \quad (3.2\text{-}16)$$

上述公式中的系数 $\omega_{i,j}(i,j=1,2,\cdots,n)$ 需满足以下条件。

(1) F_i 与 F_j 不相关；

(2) F_i 到 F_n 方差依次递减；

(3) $\omega_{i,1}^2 + \omega_{i,2}^2 + \cdots + \omega_{i,n}^2 = 1$, $i=1,2,\cdots,n$。

满足以上三个条件时，变换所得到的 n 个新综合信号彼此之间互不相关，并且方差顺次递减。

综上所述，可得到 $n \times n$ 阶的变换矩阵 W：

$$W = \begin{bmatrix} \omega_{1,1} & \cdots & \omega_{1,n} \\ \vdots & & \vdots \\ \omega_{n,1} & \cdots & \omega_{n,n} \end{bmatrix} \tag{3.2-17}$$

结合上述两式可得：

$$F = [F_1, F_2, \cdots, F_n] = W^{\mathrm{T}} \cdot X \tag{3.2-18}$$

定义第 i 个主成分 F_i 的贡献率为 α_i：

$$\alpha_i = \frac{\lambda_i}{\sum_{i=1}^{n} \lambda_i} \tag{3.2-19}$$

其中 λ_i 为原始数据 X 的协方差矩阵特征方程的特征根值，贡献率可表征变换后的 F 从原始数据 X 中提取了多少信息。

研究表明，轮胎-路面噪声信号中第一主成分贡献约占 90%，因此只需要提取出第一主成分分量 F_1 来表征轮胎-路面噪声有效信号即可，进而可达到冗余分析和特征提取的目的。如图 3.2-11 所示。

$$F_1 = \omega_{1,1} x_1 + \omega_{2,1} x_2 + \cdots + \omega_{n,1} x_n \tag{3.2-20}$$

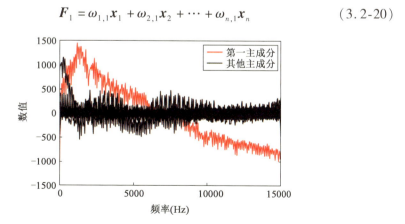

图 3.2-11　轮胎-路面噪声第一主成分和其他成分频率特性

4) 包络声能计算

根据轮胎-路面耦合噪声的产生机理可知,轮胎-路面噪声中由于路面所引起的振动噪声频段主要为 100~1000Hz。同时,分析实际采样数据,发现轮胎-路面噪声信号能量确实大都集中在 1kHz 以下。因此,本书提出了一个新的概念——包络声能(Envelope Noise Energy, ENE),表征路面特征引起的轮胎-路面噪声强度的变化。取车辆行驶过程中,轮胎-路面耦合声音信号滤波后的第一主成分分量 F_1,计算该包络曲线在 100~1000Hz 频域围成的面积。

$$\text{ENE} = \int_{f_l}^{f_h} F_1 \mathrm{d}f \qquad (3.2\text{-}21)$$

3.2.2.2 包络声能与声波指数相关性研究

为便于进行路面技术状况评价,需将轮胎-路面包络声能进行数据标准化,映射到 0~100 的数值范围内。因此,本书提出声波指数的概念,用于评价因路面宏观构造、破损等变化引起的路面行驶质量变化。由于包络声能与声波指数之间并非简单的线性关系,本节采用声品质主观评价方法,建立两者间的相关性。

声品质主观评价方法通常有以下几种:排序法(Rank order)、等级评分法(Rating scales)、成对比较法(Paired comparison)、语义细分法(Semantic differential)。通过文献调研,发现成对比较法相对其他几种方法具有如下优点:

(1)评价结果的可信度较高;

(2)对主观评价人员要求较低、容易实现;

(3)结果容易转化为具体数值;

(4)特别适于细微差别样本评价;

(5)可以采用多种数据检验方法来验证评价结果在统计学上的合理性。

1) 成对比较法介绍

成对比较法,又称 A/B 比较法,是一种相对精确的主观评价方法。它将噪声样本分别两两编组,再让评价者按照给定的评价指标评价。在一次评价中评价者只需关注当前组的两个噪声样本之间的好坏,而不是所有的噪声样本。只对两个样本的对比测试没有对记忆能力的要求,使评价者能够分辨出听觉事件的微小区别。因此,此方法的评价结果的可信度较高,且对主观评价人员要求较低和较容易实现,并且可以采用多种数据检验方法来验证评价结果在统计学上的合理性。

2) 样本采集

选择行政地理区位和路面技术状况不同的多条公路,采集轮胎-路面噪声,计算每10m长度的包络声能。

选取的道路如表3.2-2所示,可见每条道路路况不同,其包络声能最大值和最小值有明显区别。

各条路包络声能统计(单位:dB)   表3.2-2

道路名称	检测里程（km）	包络声能平均值	包络声能最小值	包络声能最大值
浙江甬台温高速	75.8	17.97	3.91	73.40
乌玛高速康临段	75.4	12.98	3.13	61.29
甘肃兰临高速	51.0	14.12	3.39	47.13
重庆渝黔高速	93.2	18.54	2.48	63.15
广西桂阳高速	103.2	17.14	4.09	70.53
贵州盘兴高速	89.6	16.10	4.53	50.97
重庆渝遂高速	83.9	15.75	5.39	41.25

所有道路计算出的10m包络声能分布区间如图3.2-12所示。

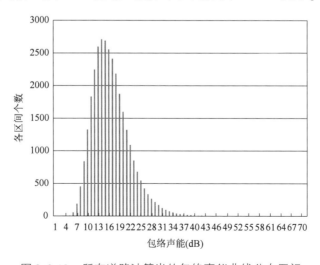

图3.2-12 所有道路计算出的包络声能曲线分布区间

然后将所有计算得出的包络声能合并,按照从大到小的顺序,平均分为9段(最小值为2.50dB,最大值为73.4dB),计算出10个包络声能取值,然后在实际数据中,取最接近的数据,如表3.2-3所示。

包络声能取值(单位:dB) 表3.2-3

序号	道路名称	包络声能计算值	包络声能实际值
1	重庆渝黔高速	2.48	2.48
2	贵州盘兴高速	10.36	10.36
3	广西桂阳高速	18.24	18.24
4	贵州盘兴高速	26.12	26.12
5	重庆渝黔高速	34.00	33.99
6	乌玛高速临段	41.88	41.83
7	重庆渝黔高速	49.76	49.77
8	乌玛高速康临段	57.64	56.50
9	浙江甬台温高速	65.52	65.79
10	浙江甬台温高速	73.40	73.40

找出相应坐标的公路实际声音片段,用于成对比较试验,由于10m产生的声学数据非常短,因此将其重复至5s作为一个试验声音片段。

3)试验过程

成立了22人的主观评价团,评价者的年龄均在22~40岁之间,考虑到我国驾车人员以男性居多,因此评价团的男女比例约为2∶1;评价者大部分为道路工程行业人员。

试验设备为笔记本电脑,板载声卡,采用监听耳机播放,评分在一个单独的房间中进行,减少其他噪声干扰。

将处理好的评价信号对导入成对比较法主观评价软件中,组织评价团进行综合烦躁度的主观评价试验,进行打分。

4)试验结果分析

数据检验采用计权一致性系数判据。计权一致性系数 ξ_w 计算公式为:

$$\xi_w = 1 - \frac{\sum C_i E_i}{E_i} \qquad (3.2\text{-}22)$$

式中:E_i——第 i 中误判可能产生的次数;

C_i——第 i 中误判实际产生的误判率。

主观评价实验中一致性系数较低的评价者的数据可信度较差,在数据分析中要予以剔除。一般认为,剔除评价中一致性较低的 10% 的评价者数据,不会对评价结果的客观性产生影响。

处理评价数据前,先根据式(3.2-22)计算各评价者的评价结果的计权一致性系数,判断评价者的数据可信度。

保留 20 名评价者的结果。假设每个评价对中有 A 和 B 两个噪声样本,若 A > B(A 比 B 令人烦躁)则给 A 记 0 分、B 记 1 分;若 A < B(B 比 A 令人烦躁)则与之相反;若 A = B(A 和 B 相同令人烦躁)则各记 0.5 分,统计 20 名有效评价者对 10 个噪声样本的赋分值,然后将 20 名评价者针对某一噪声样本的赋分值求平均,即为此噪声样本的综合烦躁度值如表 3.2-4 所示,分值越小说明此噪声越是令人烦躁。包络声能与综合烦躁度的关系如图 3.2-13 所示

综合烦躁度评价结果　　　　　　　表 3.2-4

序号	综合烦躁度得值	对应的包络声能(dB)
1	0.92	2.48
2	0.95	10.36
3	0.77	18.24
4	0.70	26.12
5	0.59	33.99
6	0.43	41.83
7	0.32	49.77
8	0.17	56.50
9	0.10	65.79
10	0.05	73.40

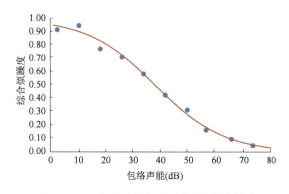

图 3.2-13　包络声能与综合烦躁度的关系

本研究所设计的声品质成对比较法,是一种二值化问题,服从伯努利分布,因此考虑选择 Sigmoid 函数进行拟合,函数形式为:

$$\mathrm{Sigmoid}(x) \equiv S(x) = \frac{1}{1+e^{-x}}, x \in \mathrm{R} \qquad (3.2\text{-}23)$$

求参,得到综合烦躁度计算公式为:

$$\mathrm{PA} = \frac{1}{1+0.045 \times e^{0.081\mathrm{ENE}}} \qquad (3.2\text{-}24)$$

其中,PA 为烦恼度(Psychoacoustic Annoyance),ENE 为包络声能。

5) 包络声能与声波指数相关性的建立

由于成对比较法中,综合烦躁度 0 分为最低(最烦躁),1 分为最高(最不烦躁),因此将烦躁度(0~1)映射至声波指数(0~100),声波指数越高,表明令人烦躁的噪声越小,评价者愉悦度越高。

包络声能 ENE 与声波指数 TAI 的换算公式为:

$$\mathrm{TAI} = \frac{100}{1+0.045 \times e^{0.081\mathrm{ENE}}} \qquad (3.2\text{-}25)$$

3.2.3 包络声能影响因素研究

3.2.3.1 轮胎花纹

轮胎-铺面噪声的产生及增强机制与轮胎花纹构造有着最直接的关系。因此有必要研究轮胎花纹构造与轮胎-铺面噪声之间的影响规律。调研发现,市场上不同品牌轮胎的花纹种类繁多,但概括起来主要分为 4 类:纵向花纹、横向花纹、混合花纹、块状花纹。

纵向花纹(图 3.2-14)纵向花纹轮胎的花纹与轮胎方向一致,呈一条或者多条连续的圆圈,其花纹设计方向是纵向排列的,即纵向连续横向断开。

优点:纵向花纹轮胎拥有良好的车头指向性以及排水性能,高速行驶时的噪音控制很好,并且受摩擦力所带来的向前的阻力也很小。

缺点:纵向花纹轮胎的制动性能以及驱动力相对较差。

横向花纹(图 3.2-15):花纹沟方向与圆周方向垂直,即横向连续纵向断开。

优点:横向花纹轮胎与纵向花纹轮胎相反,能够提供极好的抓地力,所以其在制动能力与牵引力方面有着得天独厚的优势。

缺点:排水性差,横向花纹轮胎散热效果不好。而且其在增大地面接触面积的同时,也增大了噪声。

图 3.2-14　纵向花纹轮胎　　　　　图 3.2-15　横向花纹轮胎

混合花纹(图 3.2-16):属于一种过渡性花纹。胎面中部具有方向各异或以纵向为主的窄花纹沟槽,而在两侧则具有方向各异或以横向为主的宽花纹沟槽。

优点:混合花纹轮胎胎面中央的条形花纹,提供了良好的操纵性能并防止侧滑;胎面肩部的横向花纹,提供了良好的牵引性能和制动性能。

缺点:混合花纹轮胎耐磨性能稍逊。

块状花纹(图 3.2-17):块状花纹轮胎,花纹沟之间相互连接,呈独立的花纹块结构。

优点:块状花纹轮胎拥有优越的制动及操纵性能,雪地及湿路上优越的操控及稳定性能,雨天时有良好的排水性能。

缺点:块状花纹轮胎独立的花纹块结构,耐磨性能较差,噪声较大。

图 3.2-16　混合花纹轮胎　　　　　图 3.2-17　块状花纹轮胎

1）试验方法

为研究不同轮胎花纹对轮胎-铺面包络声能的影响，选用以下 4 种典型花纹的轮胎进行试验，轮胎具体参数见表 3.2-5 所示。

试验采用的轮胎具体参数　　　　　　表 3.2-5

编号	T1	T2	T3	T4
轮胎型号	235/55R17 103W AE50	235/55R17 103V K117	235/55R17 103W	215/60R17 100T 冰驰
轮胎品牌	优科豪马	韩泰	米其林	米其林
轮胎花纹				
花纹类型	纵向	横向	混合	块状
胎面宽度（mm）	235	235	235	215
扁平率(%)	55	55	55	60
轮胎构造	子午线构造			
轮辋直径	17 英寸			
最大负荷（kg）	875	875	875	800
最高速度（km/h）	270	240	270	190

针对本课题研究设计了专门的试验工装，如图 3.2-18 所示，保证轮胎-铺面接触力可调可控。

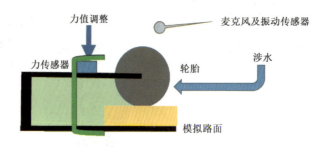

图 3.2-18　轮胎-铺面台架试验工装设计示意图

由于轮胎-铺面噪声产生的机理较为复杂,影响因素较多,很难把每一个因素完全分解出来。为了研究单一因素对包络声能的影响,有必要借助室内的声学环境,进行轮胎-铺面噪声的测试研究。本课题借助美国 LINK 公司 M3900 型 NVH 台架试验室,装配自行设计的试验工装,模拟不同花纹轮胎在完好 SMA 铺面的行驶状况,实验装置及环境如图 3.2-19 所示。

图 3.2-19 不同轮胎花纹台架试验

2) 数据分析及结论

试验结果见表 3.2-6,可以看到,不同花纹轮胎在相同铺面和相同测试环境下的包络声能存在一定差异,纵向花纹轮胎产生的包络声能最小,横向花纹轮胎产生的包络声能最大,混合花纹与块状花纹轮胎居中,且二者产生的包络声能相当。

不同花纹轮胎产生的包络声能(单位:dB)　　　　表 3.2-6

轮胎编号	包络声能			包络声能平均值
	试验-1	试验-2	试验-3	
T4	33.91	34.28	32.73	33.64
T3	38.09	37.55	36.75	37.46
T1	35.78	37.67	36.26	36.57
T2	36.71	36.32	37.19	36.74

鉴于不同轮胎花纹对轮胎-铺面包络声能均具有一定影响,且经市场调研,混合花纹轮胎市场占有率最高。故此本书后续试验均采用混合花纹轮胎,选用的轮胎型号为米其林 235/55R17 103W。

3.2.3.2　轮胎磨损

以不同磨损程度的轮胎作为研究对象,在试验场道路测量车辆行驶过程中的轮胎-铺面噪声信号,研究轮胎磨损对包络声能的影响。

1) 试验方法

选择三个不同磨损程度的轮胎进行试验,型号均为米其林235/55R17 103W,分别为未磨损全新胎、中度磨损轮胎、重度磨损轮胎,轮胎磨损均在自然行驶过程中形成,如图3.2-20所示。试验前采用游标卡尺分别测量每个轮胎的花纹沟槽深度,每个轮胎沿轮周测量5个点,取平均值。磨损程度从低到高依次为:

轮胎A:磨损0.06mm,约行驶300km,代表全新未磨损;
轮胎B:磨损1.25mm,约行驶15000km,代表中度磨损;
轮胎C:磨损3.18mm,约行驶30000km,代表重度磨损。

a)轮胎A　　　　　　　b)轮胎B　　　　　　　c)轮胎C

图3.2-20　轮胎磨损深度测量

图3.2-21　重庆车检院试验场道路路况

在重庆车检院试验场道路选择平顺的直道进行试验(图3.2-21),铺面混合料类型为SMA-13,铺面无损坏,表观纹理均匀。行车速度分别为30km/h、50km/h、80km/h,同一行车速度重复试验5次。每次试验中,加速段200m,匀速行驶段500m,减速段100m,取匀速行驶段采样数据进行分析。

2) 数据分析及结论

分别计算各试验工况下的包络声能,并依据《公路路基路面现场测试规程》

(JTG 3450—2019)中数据统计方法计算平行试验的离散程度,数据离散性均符合要求,统计结果见表 3.2-7。需要说明的是,为避免速度拟合对采样结果分析的干扰,表 3.2-7 中试验数据均未消除速度影响。

不同磨耗程度轮胎包络声能对比(单位:dB) 表 3.2-7

轮胎编号	车速(km/h)	包络声能					
		试验-1	试验-2	试验-3	试验-4	试验-5	平均值
轮胎 A (W1)	30	8.3	7.3	8.5	7.7	7.4	7.8
	50	5.7	6.8	6.3	5.8	6.2	6.2
	80	4.6	4.7	3.8	4.5	4.5	4.4
轮胎 B (W2)	30	10.3	9	9.3	9.4	9.6	9.5
	50	6.9	7	6.6	6.4	6.4	6.7
	80	5.6	5.8	5.7	5.9	5.1	5.6
轮胎 C (W3)	30	7.9	7.2	8.3	8.3	8.7	8.1
	50	6.8	6.3	6.2	7	7.3	6.7
	80	5.8	6.3	5.3	5.5	5.6	5.7

由表 3.2-7 可知,行车速度为 30km/h 时,轮胎 B 时包络声能明显高于轮胎 A 和轮胎 C。图 3.2-22 表明,轮胎 B 噪声信号幅值的谱峰要比其他两组密集;行车速度为 50km/h 和 80km/h 时,轮胎 B 和轮胎 C 的包络声能相当,且都高于轮胎 A。

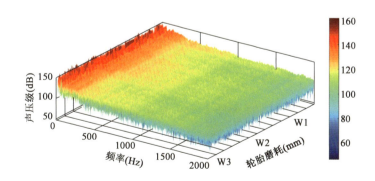

图 3.2-22　行车速度 30km/h 工况下不同磨损轮胎频谱瀑布图

这可能是由于轮胎基本未磨损时,花纹沟槽较深而空气泵吸效应不明显,也因具有较浅的纵向沟槽,能够在一定程度上抑制高频噪声;随着磨损程度加剧,号筒效应和空气泵吸效应更加明显,较浅的纵向沟槽被磨损掉,辐射到车内的空气噪声会增大；当轮胎重度磨损时，横向和纵向沟槽已非常浅，这时空气泵吸效应被削减，车内高频噪声减弱。

因此，为避免测试轮胎磨损程度不同引起的测量误差，参照以下标准：

（1）《ACOUSTICS-MEASUREMENT OF THE INFLUENCE OF ROAD SURFACES ON TRAFFIC NOISE-PART 2：THE CLOSE-PROXIMITY METHOD》（ISO 11819-2）；

（2）《车载式轮胎路面噪声自动测试系统》（GB/T 31884—2015）；

（3）《轮胎惯性滑行通过噪声测试方法》（GB/T 22036—2017）；

（4）"拖车法测定路面对轮胎噪声影响测试方法"（JTG 3450—2019，T 0987—2019）。

建议采集轮胎-铺面噪声所用测试轮胎磨损深度应小于1mm，且新轮胎必须至少正常行驶100km后方可用于检测。

3.2.3.3 干扰噪声

研究轮胎-路面噪声时，应对传声器采样过程中同时采集到的风噪、发动机噪声、环境噪声等干扰噪声进行抑制（整车噪声主要组成如图3.2-23所示），尽可能减小干扰噪声对测量结果的影响。

图3.2-23 整车噪声主要组成

1）风噪的影响及去噪研究

研究表明，车辆行驶过程中由于空气湍流所产生的风噪是一种典型的低频宽带噪声，并且风噪的强度会随着行车速度增加而增大，因此，有必要对计权滤波算法风噪抑制效果进行验证。

（1）试验方法。

由于真实道路环境无法模拟稳定的空气流动，为了研究风噪单一因素对包络声能的影响，采用NVH台架试验室，通过室内鼓风模拟风噪干扰，试验设备如图3.2-24所示。试验过程中鼓风风速控制在50km/h，采样时间为30s，其中0~13s鼓风，4~13s轮胎转动模拟在路面行驶，13s以后无激励信号。

图 3.2-24　室内模拟风噪试验设备

（2）数据分析及结论。

图 3.2-25a）为试验采集到的轮胎-路面噪声原始信号,对时域信号分析,可知采样信号与实验设计的物理过程相符。截取采样信号中前 4s 风噪信号,从图 3.2-25b）时频图可见,风噪的主要能量频段集中在 70Hz 以下,与查阅文献得到的频率范围 31.5~63Hz 一致,因此可将 70Hz 以下的低频段信号进行衰减以达到抑制风噪干扰的效果。

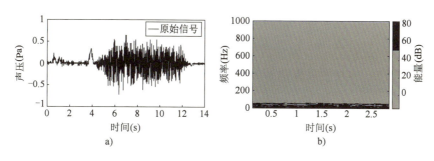

图 3.2-25　试验采样信号及风噪频率特征分析

基于所采集到的数据,提取风噪信号,采用计权滤波算法进行风噪干扰抑制,滤波前后的波谱如图 3.2-26 所示,可见计权滤波算法能够有效地抑制风噪干扰影响。

2）发动机噪声的影响及去噪研究

发动机噪声通常与发动机类型和

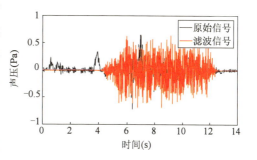

图 3.2-26　风噪滤波处理前后波谱图

发动机转速相关,研究表明常用的四缸发动机所产生的发动机噪声频率为其转动频率的2倍,通常发动机转速在1260~5550r/min。随着行车速度增加,当车速提高至70~90km/h时,发动机噪声影响可忽略。

(1) 试验方法。

设计以下三种工况:

①车辆静止,未启动发动机。

②车辆静止,启动发动机并怠速。

③车辆静止,启动发动机,踩油门使发动机转速稳定在2000r/min,模拟车辆高速行驶过程匀速行驶状态的发动机转速。

(2) 数据分析及结论。

图3.2-27a)为三种工况下的时域声压信号,可见车辆未启动时声压小于车辆起动发动机无转速时的声压,而发动机转速上升达到2000r/min时声压进一步增加。图3.2-27b)为三种场景下的频域信号,车辆未启动时声压频率主要为直流分量、10Hz、25Hz及100Hz;车辆启动发动机无转速时声压信号频率主要集中在28Hz及57Hz;发动机转速上升达到2000r/min时声压信号的频率为63Hz。这与查阅文献得到的发动机噪声频率范围集中在48~185Hz之间的结论一致。

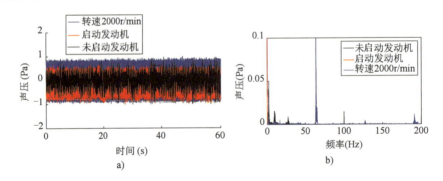

图3.2-27 三种工况下发动机噪声时频特性

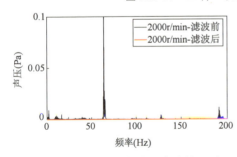

图3.2-28 发动机噪声信号滤波前后对比

车辆正常上路采集轮胎-路面噪声信号时,发动机转速约为2000r/min,采用上述算法对该工况下的采样数据进行滤波处理,滤波前后的波谱信号如图3.2-28所示,可见算法对发动机噪声起到很好的抑制作用。

3) 交通噪声的影响及去噪研究

相比前两种干扰噪声,道路路域环境内的交通噪声形式更多也更为复杂。通过采集公路和城市道路典型路段的交通噪声,与无明显交通噪声干扰的采样信号进行叠加,然后采用计权滤波算法进行滤波处理,验证算法对交通噪声干扰的抑制效果。

(1)试验方法。

车辆静止状态下采集以下路段交通噪声(图3.2-29):

图3.2-29 典型路段交通噪声采集现场照片

①城市道路:

　　a.学府大道(居民文教区、车辆多,附近有轻轨经过);

　　b.南坪南城大道(商业区、车辆多);

　　c.江峡路(工业区,车辆多);

　　d.海峡路(交通干线、车辆多);

e. 南滨路(周围遮挡物少、车辆少、车速快);

f. 内环快速(城市快速路,车辆多、车速快)。

②高速公路:

a. G65 包茂高速一般路基段;

b. 南湖隧道;

c. 鱼嘴两江大桥(桥头伸缩缝位置和桥梁跨中位置各采集一处);

d. 界石服务区附近;

e. 重庆绕城高速一般路基段;

f. G50 沪渝高速进城方向(车流量大,重车多)。

(2)数据分析及结论。

采集的典型路段交通噪声时频特性见图 3.2-30。

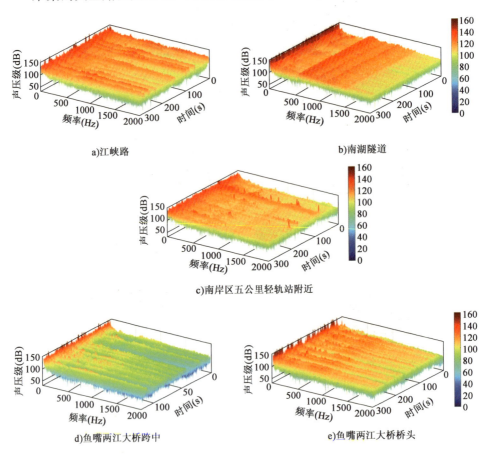

a)江峡路

b)南湖隧道

c)南岸区五公里轻轨站附近

d)鱼嘴两江大桥跨中

e)鱼嘴两江大桥桥头

图 3.2-30

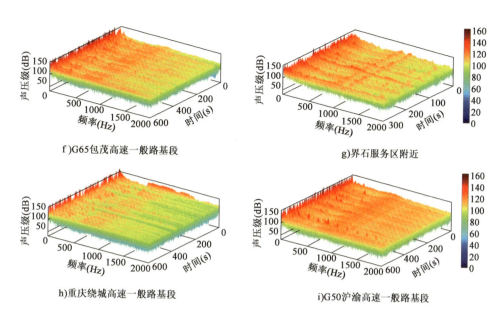

图 3.2-30 路段交通噪声时频特性

为验证计权滤波算法对交通噪声干扰的抑制效果,选取正常采集的无明显交通噪声干扰的轮胎-路面噪声信号s_t,分别与上述交通噪声n_t叠加,形成含噪合成信号$x_t = s_t + n_t$。对含噪合成信号采用计权滤波算法进行处理,对滤波前后波谱进行分析。

表 3.2-8 为各种含噪合成信号滤波前后的包络声能,其中 1~6 原始信号采用茶园江迎路轮胎-路面噪声;7~9 原始信号采用渝黔高速轮胎-路面噪声。由表 3.2-8 可见除南湖隧道警报噪声无法过滤以外,其他含噪信号滤波后计算的包络声能,与原始信号包络声能相当。因此,可认为设计的计权滤波算法对绝大部分交通噪声可起到干扰抑制作用。

各种交通噪声滤波前后包络声能统计(单位:dB)　　　表 3.2-8

序号	原始信号包络声能	合成信号包络声能	滤波后包络声能	干扰噪声特征标记及频段
1	4.12	28.25	4.12	江峡路(0~200Hz)
2	4.12	28.21	4.13	界石服务区(0~200Hz)
3	4.12	50.19	8.23	南湖隧道 (0~200Hz、600~800Hz)

续上表

序号	原始信号包络声能	合成信号包络声能	滤波后包络声能	干扰噪声特征标记及频段
4	4.12	28.24	4.12	南岸区五公里轻轨站附近(0~200Hz)
5	4.12	28.25	4.12	鱼嘴两江大桥桥头(0~100Hz)
6	4.12	28.25	4.12	鱼嘴两江大桥跨中(0~100Hz)
7	13.63	22.51	13.63	G65 包茂高速一般路基段(0~100Hz)
8	13.63	22.50	13.61	G50 沪渝高速一般路基段(0~100Hz)
9	13.63	22.54	13.65	重庆绕城高速一般路基段(0~100Hz)

4) 小结

风噪、发动机噪声及绝大部分交通噪声的主要频段是小于 200Hz 的低频噪声,采用计权滤波算法进行干扰噪声抑制具有较好的效果。但是对于频率范围在 500~1000Hz 的交通噪声,如隧道警报、车辆鸣笛声,由于其特征频率与选用的轮胎-路面噪声频段高度重合,采用计权滤波算法抑制效果还不理想,需要补充进行更深入的研究,或可利用近场拖车法(CPX)和随车声强测试法(OBSI)标准中双麦克风降噪等方法进行处理。

3.2.3.4 混合料类型

分别通过 NVH 台架试验室测量和在役道路现场测量的方式,对典型的铺面沥青混合料类型 AC-13、SMA-13、OGFC-13(三者分别分最大公称粒径为 β 的细粒式沥青混凝土、石质矩阵沥青、升级配磨耗层)及微表处进行了轮胎-铺面噪声影响研究。

1) 室内试验研究

制作上述 4 种典型沥青混合料的车辙试件,采用同一型号轮胎米其林 235/55R17 103W,采集轮胎-铺面噪声,每一种混合料类型重复试验 3 次。试验结束后,混合料试件表观形貌如图 3.2-31 所示。

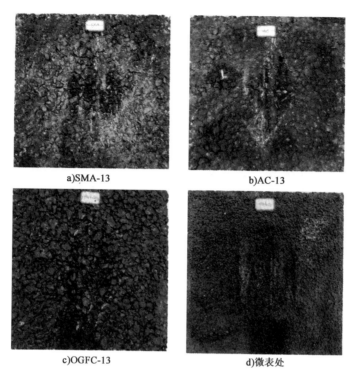

图 3.2-31 试验结束后不同混合料表观形貌

表 3.2-9 为计算后的包络声能结果,可以看到,不同混合料类型在同一种轮胎花纹(混合型花纹)及相同测试环境下的包络声能存在一定差异。OGFC-13 包络声能最小,微表处包络声能最大,AC-13 与 SMA-13 居中,且 SMA-13 包络声能低于 AC-13。

不同铺面混合料类型包络声能统计(单位:dB)　　表 3.2-9

铺面材料	包络声能			包络声能平均值
	试验-1	试验-2	试验-3	
微表处	40.53	40.36	40.04	40.31
SMA-13	33.52	33.77	32.48	33.26
AC-13	38.09	37.55	36.75	37.46
OGFC-13	24.06	23.03	24.23	23.77

2)在役道路试验研究

选择 AC-13、SMA-13、OGFC-13 三种沥青混合料类型且铺面无明显病害的典型路段,以 80km/h 行车速度通过被测路段进行数据采集,试验路段信息见表 3.2-10。

试验路段信息（单位：km） 表3.2-10

序号	高速名称	路段	混合料类型	方向	车道	检测里程
1	G75 兰海高速	南充—广元	AC-13	下行	超车道	10
2	G4217 蓉昌高速	汶川—都江堰	SMA-13	下行	行车道	10
3	G85 银昆高速	璧山—重庆	OGFC-13	下行	行车道	3

以100m作为检测评定单元，分别对3种铺面混合料类型连续1000m路段数据进行统计，统计结果见表3.2-11。

连续1000m路段包络声能统计结果（单位：dB） 表3.2-11

起止桩号		混合料类型		
		AC-13	SMA-13	OGFC-13
K0+000	K0+100	15.07	11.09	9.33
K0+100	K0+200	14.30	11.81	8.95
K0+200	K0+300	13.24	11.40	8.38
K0+300	K0+400	14.83	12.30	8.98
K0+400	K0+500	14.00	12.79	9.70
K0+500	K0+600	12.18	11.72	9.24
K0+600	K0+700	13.81	10.91	8.57
K0+700	K0+800	11.96	11.98	8.43
K0+800	K0+900	14.84	12.16	9.79
K0+900	K1+000	14.38	11.99	9.13
平均值		13.86	11.82	9.05

如图3.2-32和图3.2-33所示，3种不同沥青混合料类型铺面的包络声能大小依次为：AC-13＞SMA-13＞OGFC-13。SMA与AC同为密级配沥青混合料，但由于SMA油石比大于AC，SMA表面的沥青玛蹄脂具有较好的黏弹性，对于轮胎冲击具有一定的减振效果，而噪声是伴随振动产生，理论上SMA铺面上的行车噪声相比AC会有一定的衰减，这与上述试验结果中SMA铺面的包络声能略低于AC铺面是一致的。OGFC空隙率较大，特别是联通孔隙能吸收行车过程中的轮胎-铺面耦合噪声，是一种典型的降噪沥青铺面，试验测定的OGFC包络声能明显小于AC和SMA，与理论认识和实践相符。

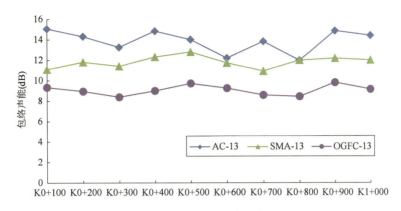

图 3.2-32　不同沥青混合料铺面包络声能分段对比

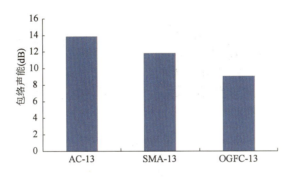

图 3.2-33　不同沥青混合料的包络声能整体对比

考虑到试验路段为在役道路，铺面局部构造和磨损状况存在波动合理。因此，可认为轮胎-铺面包络声能与沥青混合料类型之间存在一定的对应关系，在相同测试条件下，SMA-13 比 AC-13 包络声能小约 2dB，OGFC-13 比 SMA-13 包络声能小约 2.8dB。

3.2.3.5　铺面干湿状况

根据驾乘经验，铺面干燥和有积水的情况下车辆行驶所产生的轮胎-铺面噪声存在差异，在干燥铺面上，噪声很干脆、响亮；铺面有积水时，积水被轮胎突然碾压使外胎花纹沟槽内的积水形成高压水流喷出，水珠被甩出时或水珠撞击地面及车身时，会产生高频噪声。因此有必要研究铺面干湿状态对轮胎-铺面噪声的影响规律。为避免试验条件边界不清，本书将铺面干湿状态仅分为 3 种：完全干燥状态、铺面潮湿无积水状态（洒水量约为 $10g/m^2$）和铺面积水且能溅起水花状态（洒水量约为 $30g/m^2$）。

1) 试验方法

试验轮胎为全新胎,试验场地直线段平顺铺面(图3.2-34),共设置了3种不同车速(30km/h、50km/h、80km/h),每种车速重复试验5次。每次试验分为3个行驶段,加速段200m,匀速行驶段500m,减速段100m,减速段终点停止。试验时车辆在加速段加速至设定速度,匀速段保持设定速度行驶,取匀速行驶段采样数据进行分析。

a)铺面完全干燥

b)铺面潮湿无积水

c)铺面积水且能溅起水花

图3.2-34　不同铺面干湿状况试验过程

2) 数据分析及结论

取匀速行驶段中间100m数据进行分析,统计结果见表3.2-12。

不同铺面干湿状况包络能量统计结果(单位:dB)　　表3.2-12

铺面状态分类	速度(km/h)	包络声能					包络声能平均值
		试验-1	试验-2	试验-3	试验-4	试验-5	
完全干燥	30	7.3	7.2	7.5	7.3	7.1	7.3
	50	5.9	5.6	5.2	5.3	5.0	5.4
	80	5.2	4.7	4.4	4.6	4.6	4.7

续上表

铺面状态分类	速度（km/h）	包络声能					包络声能平均值
		试验-1	试验-2	试验-3	试验-4	试验-5	
潮湿无积水	30	7.3	7.0	7.1	6.4	6.9	6.9
	50	5.5	5.4	5.2	5.2	5.6	5.4
	80	4.9	5.0	4.2	4.3	4.6	4.4
铺面积水且能溅起水花	30	11.5	10.6	10.3	8.6	9.6	10.1
	50	10.7	10.3	9.1	9.1	9.1	9.7
	80	6.1	5.9	6.6	7.0	6.0	6.3

由表 3.2-12 可见，铺面潮湿无积水情况和铺面干燥情况下，包络声能相当；包络声能最高出现在铺面积水可溅起水花的情况下。因此，通过车载传声器进行轮胎-铺面噪声数据采集不建议在铺面存在积水的情况下实施。

3.2.3.6　行车速度

车辆行驶速度是影响轮胎/铺面噪声的重要因素——在同一段铺面上，随着行车速度的增加，麦克风采集的轮胎/铺面噪声的声压级也相应增加。由于车辆行驶速度覆盖 16～120km/h，因此必须去除速度对轮胎/铺面声学信号的影响，将不同行车速度下采集的声学信号的声压级归一到同一标准速度，例如 80km/h。

首先使用 A 计权滤波方法对频率域中的声学信号进行增益，增益系数 $R_A(f)$ 与频率 f 的经验关系如式(3.2-26)所示。

$$R_A(f) = \frac{12194^2 \times f^4}{(f^2 + 20.6^2) \times \sqrt{(f^2 + 107.7^2) \times (f^2 + 737.9^2)} \times (f^2 + 12194^2)}$$

(3.2-26)

声学信号声压级与行车速度之间的定量关系如式(3.2-27)所示，其中 L_n 为标准化速度下的轮胎/铺面噪声声压级，L_c 为实际速度下的轮胎-铺面噪声声压级，v_n 为标准行车速度，v_c 为实际行车速度。在相同的铺面上，由于行车速度的不同引起的轮胎-铺面声学信号声压级的差异，可运用式(3.2-27)进行速度影响消除，即将不同行车速度下的声压级标准化到同一速度下的声压级。

$$L_n = L_c + m \times \lg\left(\frac{v_n}{v_c}\right) \tag{3.2-27}$$

图 3.2-35 为速度影响消除前后的轮胎/铺面噪声在不同速度下的对比：使用上述方法，可有效消除速度影响，将声学信号的声压级归一到一个标准速度上。

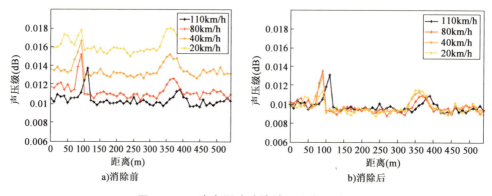

图 3.2-35 速度影响消除前后的信号对比

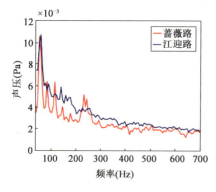

图 3.2-36 不同铺面声学信号对比

频率域滑动窗变换和带通滤波：根据前期大量数据分析和验证，频率在 40~700Hz 之间的轮胎/铺面噪声能够表征铺面纹理及构造深度情况。图 3.2-36 为南岸区 2 条市政道路声学信号能量频谱的对比，其中江迎路铺面状况为优，铺面损坏指数（PCI）> 90，而蔷薇路铺面状况为中，其 PCI 约为 75。可以看出，不同铺面的频率域中的声学信号，存在明显差异——铺面质量较好的曲线平滑，反之亦然；尤其在频率 200~300Hz 之间，PCI 数值较低、铺面技术状况较差的噪声信号，存在明显的波峰。因此，项目组使用 40~700Hz 的带通滤波，可以表征铺面纹理和构造深度情况。

第一主成分分量提取：在实际工程试验中，麦克风所采集的声学信号中不仅有轮胎-铺面噪声还包括风噪、发动机噪声等背景噪声。因此在进行声学信号处理之前，需要对其进行预处理去除风噪、发动机噪声等背景噪声。研究结果表明，通过主成分分析法（PCA）对声学信号进行降维、去噪，提取出的第一主成分分量则能够有效表征铺面宏观纹理。

混合高斯模型的构建：将经过速度影响消除算法处理后的第一主成分作为一维单输入变量，构建一组非线性混合高斯模型，即通过观测数据集 $\{k, \theta\}$ 去估算目标参数集$\{y,x\}$。其中,观测数据集$\{k,\theta\}$为手工铺砂法测试的构造深度(MTD)值与该点采集的声学能量频谱的对应数据集,在项目实施过程中建立;在目标参数集$\{y,x\}$中,x表示沥青铺面声学信号声压级(由数据采集和上述步骤获得),y表示对应的沥青铺面构造深度值。

运用可逆跳马尔科夫链的蒙特卡洛(RJMCMC)方法进行贝叶斯计算和自动迭代,得到模型阶数信息$p(k|x,y)$和模型参数信息$p(\theta|x,y)$,当模型收敛时则退出迭代,并得到模型参数集的后验概率密度函数$P(y|\theta,k)$,利用已知数据集$\{k,\theta\}$求出声压级L_n对应的构造深度MTD值,如式(3.2-28)所示。

$$\mathrm{MTD}_{声学} = P(y|\theta,k) \times L_n \quad (3.2\text{-}28)$$

3.2.3.7 小结

通过对包络声能影响因素的研究,可得出如下结论:

(1)研究了轮胎花纹对包络声能的影响,研究结果表明不同轮胎花纹对轮胎-铺面包络声能具有一定的影响,并推荐了测试轮胎花纹。

(2)研究了轮胎磨损对包络声能的影响,研究结果表明,同一型号轮胎磨耗程度不同,包络声能也有较大区别。建议采集轮胎-铺面噪音所用轮胎磨耗应小于1mm,且新轮胎必须至少正常行驶100km后方可用于测试。

(3)研究了铺面混合料类型对包络声能的影响,研究结果表明,在相同测试条件下,SMA-13比AC-13包络声能小约2dB,OGFC-13比SMA-13包络声能小约2.8dB。

(4)研究了铺面干湿对包络声能的影响,试验结果表明,铺面积水会对包络声能造成较大的影响,因此建议避免在降雨条件下采集数据。

(5)研究了行车速度对包络声能的影响,试验结果表明,通过算法的设计可有效去除速度影响。

3.3 颠簸指数影响因素研究

3.3.1 动态胎压算法研究

等效动态胎压计算以轮胎动态胎压X和行车速度v为输入,经过速度-等效胎压能量拟合消除行车速度影响,采用胎压计权滤波算法进行干扰抑制,然后对去噪后的信号求均方根值,整个算法流程如图3.3-1所示。

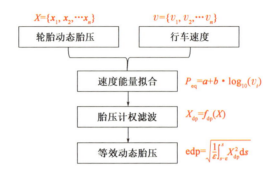

图 3.3-1　等效动态胎压算法流程

3.3.1.1　速度-胎压能量拟合

为考察同一路段下行车速度对动态胎压的影响,借鉴速度声压拟合的相关经验,将匀速行驶路段中采集到的噪声信号进行等效胎压能量换算。等效胎压能量是将动态胎压能量按照时间平均的方法来进行计算,具体指在特定时间内某一随时间变化的动态胎压,其均方能量与连续稳态能量相同,则该连续稳态能量。即为随时间变化的等效能量。等效胎压能量的计算如式(3.3-1)所示。

$$P_{eq} = 10 \cdot \lg\left[\frac{1}{T}\int_0^T (P)^2 \mathrm{d}t\right] \qquad (3.3\text{-}1)$$

式中:P_{eq}——等效胎压能量(dB);

P——t 时刻瞬时胎压变化值(kPa);

T——测量时间段(s)。

图 3.3-2 为检测车在试验场道路上,分别以 30km/h、60km/h 和 90km/h 的速度行驶采集的动态胎压信号 0～100Hz 频段内的时频图,可以看到随着行车速度增大,轮胎动态胎压信号的功率谱幅值也相应变大,即行车速度对轮胎动态胎压信号具有一定影响。

在试验场平顺道路上设置路障,检测车以不同车速驶过路障,表 3.3-1 为不同车速下轮胎受到激励后的等效胎压能量的统计结果。行车速度与等效胎压能量关系如图 3.3-3 所示。

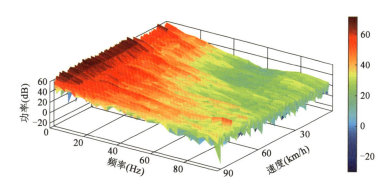

图 3.3-2　行车速度对动态胎压影响

不同速度下的等效胎压能量统计表（单位：dB）　　　　表 3.3-1

速度 (km/h)	等效胎压能量			平均等效胎压能量
	试验-1	试验-2	试验-3	
20	-29.15	-29.3	-29.54	-29.33
30	-18.6	-18.23	-18.69	-18.51
40	-14.21	-13.94	-13.8	-13.98
50	-12.18	-11.94	-11.96	-12.03
60	-8.932	-9.359	-9.635	-9.31
70	-4.642	-3.948	-3.93	-4.17
80	-4.103	-3.882	-3.984	-3.99
90	-2.335	-2.386	-2.229	-2.32
100	-1.596	-2.205	-1.551	-1.78

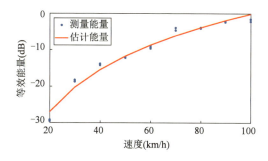

图 3.3-3　行车速度与等效胎压能量关系

如图 3.3-3 所示，等效胎压能量与车辆行驶速度呈现对数线性关系，根据经验模型：

$$P_{eq} = n + m\lg v \tag{3.3-2}$$

式中：P_{eq}——等效胎压能量，dB；

　　　n——路面类型相关的常系数；

　　　m——速度系数；

　　　v——行车速度，km/h。

在上述经验模型的基础上，结合不同速度下的实测动态胎压数据，可将其改写为矩阵形式如式(3.3-3)所示。

$$\begin{bmatrix} 1 & \lg(v_1) \\ \vdots & \vdots \\ 1 & \lg(v_n) \end{bmatrix} \cdot \begin{bmatrix} n \\ m \end{bmatrix} = \begin{bmatrix} L_1 \\ \vdots \\ L_2 \end{bmatrix} \tag{3.3-3}$$

令

$$\boldsymbol{v} = \begin{bmatrix} 1 & \lg(v_1) \\ \vdots & \vdots \\ 1 & \lg(v_n) \end{bmatrix}, \boldsymbol{L} = \begin{bmatrix} L_1 \\ \vdots \\ L_2 \end{bmatrix}, \boldsymbol{\theta} = \begin{bmatrix} n \\ m \end{bmatrix}$$

则有

$$\boldsymbol{\theta} = \begin{bmatrix} n \\ m \end{bmatrix} = \boldsymbol{v}^{-1} \cdot \boldsymbol{L} \tag{3.3-4}$$

经计算，参数矢量 $\boldsymbol{\theta} = [-77.11 \quad 38.45]^T$，且 $R^2 = 0.97$，表明拟合效果较好。

根据如上公式及计算所得到的参数矢量 θ，在相同的路面上由于行车速度的不同引起动态胎压的差异可运用如下公式进行速度影响抑制，即将不同的速度下的动态胎压幅值标准化到同一速度下的动态胎压幅值。

$$p_n = p_c + 38.45 \lg\left(\frac{v_n}{v_c}\right) \tag{3.3-5}$$

式中：p_n——标准化速度下的动态胎压信号；

　　　p_c——实际速度下的动态胎压信号；

　　　v_n——标准化速度，通常选取80km/h；

　　　v_c——实际行车速度。

3.3.1.2 计权滤波法

驾乘人员对路面变形引起颠簸的感受与轮胎胎压变化的幅值和频率有关，大小与频率都不相同的两次胎压变化可能会产生相同的驾乘体验，因此，表征路面技术状况的动态胎压经过频率计权后才能更好评价路面行驶质量。

国际标准化组织 ISO 在 1997 年修订的振动计权曲线 W_k 考虑了振动对人体健康、舒适度等方面的影响，基于此，本书希望通过对 W_k 计权曲线进行修正得出适用于动态胎压的频率计权网络 W_{dp}。

频率计权网络 W_{dp} 的设定目标及原则如下：

（1）对动态胎压的主要频段进行过滤；

（2）使由路面技术状况所引起的动态胎压变换的频率分量得到有效增益，使其他频率分量衰减；

（3）对比相同状况下同一时刻的振动加速度和动态胎压频率分量的差异，修订 W_k 中的频率传递函数。

基于上述目标，计权网络可设计为两个滤波子网络，即频带界限滤波网络 W_{lim} 和特定频段的计权滤波网络 W_s。

1）W_{lim} 设计

已有研究成果表明，振动与动态胎压变化的频率均在 100Hz 以下，结合实测采样信号频率特征分析，确定频带界限为 0.4～100Hz，W_{lim} 的频率传递函数为：

$$W_{lim}(f) = \sqrt{\frac{f^4}{f^4+f_1^4}} \cdot \sqrt{\frac{f^4}{f^4+f_2^4}} \qquad (3.3\text{-}6)$$

式中：f_1——低通截止频率；

f_2——高通截止频率；

f——动态胎压信号频率；

$W_{lim}(f)$——频率 f 上的增益修订值。

动态胎压频带界限滤波网络 W_{lim} 如图 3.3-4 所示。

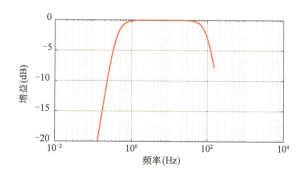

图 3.3-4　频带界限滤波网络

2)W_s 的设计

(1)四立柱道路模拟实验系统路面凹陷激励下动态胎压信号如图 3.3-5 所示。

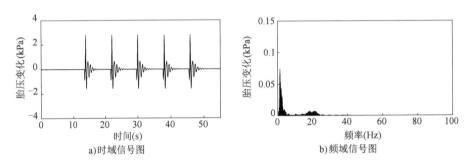

a)时域信号图　　　b)频域信号图

图 3.3-5　凹陷路面激励下动态胎压信号

胎压变化主要频率在低频 40Hz 以下;其中 0.4~6.5Hz 附近出现胎压变化的频率波峰,12.5~25Hz 之间存在一定幅度的胎压分量。

(2)四立柱道路模拟实验系统路面凸起激励下动态胎压信号如图 3.3-6 所示。

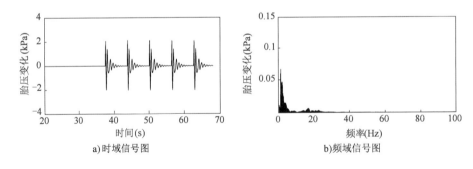

a)时域信号图　　　b)频域信号图

图 3.3-6　凸起路面激励下动态胎压信号

与凹陷路面激励下的频率响应一样,凸起路面激励下,胎压变化主要频率也在低频 40Hz 以下;其中 0.4~6.5Hz 附近出现胎压变化的频率波峰,12.5~25Hz 之间存在一定幅度的胎压分量。

(3)试验场道路过路障的动态胎压信号如图 3.3-7 所示。

胎压变化主要频率在低频 40Hz 以下;其中 0.4~6.5Hz 附近出现胎压变化的频率波峰,并在 2.18Hz 出现最大值,12.5~25Hz 之间存在一定幅度的胎压分量。

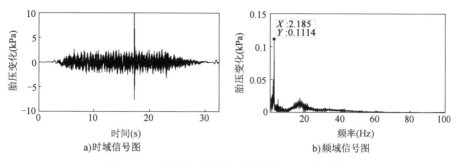

a)时域信号图　　　　　　　b)频域信号图

图 3.3-7　试验场道路经过路障的动态胎压信号

(4) 试验场平顺道路匀速行驶下的动态胎压信号如图 3.3-8 所示。

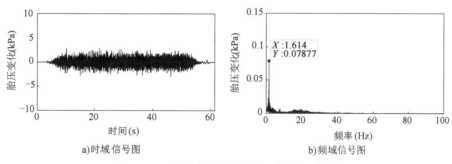

a)时域信号图　　　　　　　b)频域信号图

图 3.3-8　试验场平顺路面下动态胎压信号

胎压变化主要频率在低频 40Hz 以下；其中在 1.6Hz 处出现最大值，由于该路段为标准试验场直道路段，路面平顺，无病害，因此在 1.6Hz 处左右的峰值应得到衰减。

基于上述分析，动态胎压变化的信号在 25Hz 以后幅值趋近于 0，因此设置如下滤波网络，曲线在 25Hz 时出现转折点，增益开始下降以衰减该频率以上的胎压信号，如图 3.3-9 所示。

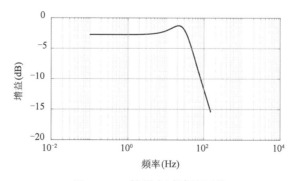

图 3.3-9　转折衰减滤波网络

该滤波网络频率增益函数如式 (3.3-7) 所示，式中 f_3、f_4 为特定频率，Q_4 为特定常数。

$$W_t(f) = \sqrt{\frac{f^2+f_3^2}{f_3^2}} \cdot \sqrt{\frac{f_4^2 Q_4^2}{f^4 Q_4^2 + f^2 f_4^2(1-2Q_4^2) + f_4^4 Q_4^2}} \qquad (3.3\text{-}7)$$

由于动态胎压信号在 2~6.5Hz 之间出现峰值频段,且无论上述何种工况下,动态胎压信号均主要集中在该频段,且根据车检院未设置路障空跑情况下的动态胎压信号可知,胎压变化主要频率在 1.6Hz 时动态胎压出现峰值,因此需要将低频段 0.4~2Hz 进行衰减,2~6.5Hz 之间的频段进行增益放大,进而设计滤波网络曲线如图 3.3-10 所示。

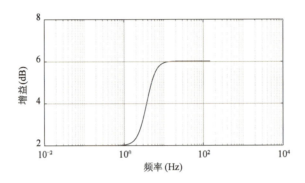

图 3.3-10 转折增益滤波网络

该滤波网络频率增益函数如式(3.3-8)所示,式中 f_5、f_6 为特定频率,Q_5、Q_6 为特定常数。

$$W_e(f) = \frac{Q_5}{Q_6} \sqrt{\frac{f^4 Q_5^2 + f^2 f_5^2(1-2Q_5^2) + f_5^4 Q_5^2}{f^4 Q_6^2 + f^2 f_6^2(1-2Q_6^2) + f_6^4 Q_6^2}} \qquad (3.3\text{-}8)$$

动态胎压信号的特定频段的计权滤波网络 W_s 则由 W_t 和 W_e 的乘积构成,滤波曲线如图 3.3-11 所示。可见该计权滤波网络针对动态胎压信号的主要频段进行了细分增益或衰减以提高信号的有效性。

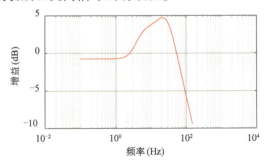

图 3.3-11 特定频段的计权滤波网络

结合频带界限滤波网络 W_{lim} 和特定频段的计权滤波网络 W_s，得到 $W_{\text{dp}} = W_{\text{lim}} \cdot W_s$ 的滤波曲线如图 3.3-12 所示。

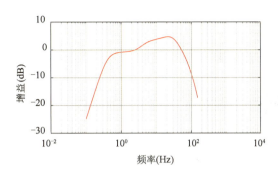

图 3.3-12　动态胎压计权滤波网络

3.3.1.3　等效动态胎压计算

信号的均方根(RMS)值，也称为有效值，用于表征信号中的能量大小。本书将车辆一定行驶距离内，经过上述胎压计权后的动态胎压信号的 RMS 值定义为等效动态胎压，是将胎压能量按照距离平均的方法来评价路面变形对轮胎胎压的影响。

$$\text{EDP} = \sqrt{\frac{1}{\varepsilon} \int_{s-\varepsilon}^{s} [f_w(p)]^2 \mathrm{d}s} \qquad (3.3\text{-}9)$$

式中：s——行驶距离；

p——动态胎压信号；

f_w——动态胎压计权网络。

3.3.2　等效动态胎压与胎压指数相关性研究

为便于进行路面技术状况评价，需将等效胎压变化进行数据标准化，映射到 0~100 的数值范围。因此，提出胎压指数的概念，用于评价因路面变形引起的行驶质量变化。

由于全身振动测试仪 HVM100(图 3.3-13)所反映的是路面变形引起的车内振动，而动态胎压传感器所反映的是路面变形所引起的轮胎胎压变化，两者均是从振动不同程度来反映路面颠簸情况。同时，HVM100 测量计算得到振动计量值 vdv 与动态胎压传感器测量计算得到的等效动态胎压 edp 具有较好的一致性，如图 3.3-14 所示。因此可将 edp 与 vdv 进行拟合，并参考现行《机械振动与冲击人体暴露于全身振动的评价 第1部分：一般要求》(GB/T 13441.1)，使用不同振动计量值对人体舒适的影响来量化等效动态胎压与胎压指数的关系。

图 3.3-13　全身振动测试仪 HVM100

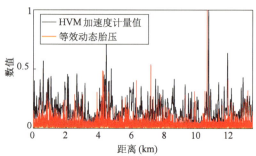
图 3.3-14　等效动态胎压与振动计量值

基于 edp 和 vdv 较好的一致性，可认为二者服从线性关系，则构建线性模型见式(3.3-10)。

$$vdv = c_1 cdp + c_2 \quad (3.3\text{-}10)$$

将式(3.3-8)改写为矩阵形式，得到式(3.3-11)：

$$S = H \times \theta \quad (3.3\text{-}11)$$

其中，

$$H = \begin{bmatrix} edp_1 & 1 \\ edp_2 & 1 \\ \vdots \\ edp_n & 1 \end{bmatrix}$$

$$\theta = \begin{bmatrix} c_1 & c_2 \end{bmatrix}^T$$

$$S = \begin{bmatrix} s_1 & s_2 & \cdots & s_n \end{bmatrix}^T$$

采用 HVM100 全身振动测试仪器对 N 段路面进行振动计量值 vdv 测试，结果为 $V = \begin{bmatrix} vdv_1 & vdv_2 & \cdots & vdv_n \end{bmatrix}^T$，则可设置最小二乘目标函数。

$$J(\theta) = \sum_{i=1}^{n}(vdv_i - s_i)^2 = (\boldsymbol{V} - \boldsymbol{H\theta})^T(\boldsymbol{V} - \boldsymbol{H\theta}) \quad (3.3\text{-}12)$$

将式(3.3-10)对矢量参数 θ 求偏导得到梯度函数：

$$\frac{\partial J(\theta)}{\partial \theta} = -2\boldsymbol{H}^T\boldsymbol{V} + 2\boldsymbol{H}^T\boldsymbol{H\theta} \quad (3.3\text{-}13)$$

令梯度等于零，可得 θ 的估计量为：

$$\hat{\theta} = (\boldsymbol{H}^{\mathrm{T}}\boldsymbol{H})^{-1}\boldsymbol{H}^{\mathrm{T}}\boldsymbol{V} \qquad (3.3\text{-}14)$$

因此,基于一定量的观测数据和 $[edp_1 \quad edp_2 \quad \cdots \quad edp_n]$、$[vdv_1 \quad vdv_2 \quad \cdots \quad vdv_n]$则可以计算出待估参数 θ,进而得到:

$$vdv = \theta_1 \cdot edp + \theta_2 \qquad (3.3\text{-}15)$$

参考现行《机械振动与冲击 人体暴露于全身振动的评价 第1部分:一般要求》(GB/T 13441.1),振动计量值 vdv 对人体舒适具有一定影响,其影响程度可按照如表3.3-2进行分类。

加速度计量值对人体舒适性影响　　　　　　　　表3.3-2

振动计量值 $vdv(\text{m/s}^2)$	舒适度	振动计量值 $vdv(\text{m/s}^2)$	舒适度
小于0.35	感觉不到不舒适	0.8~1.6	不舒适
0.315~0.63	有点不舒适	1.25~2.5	非常不舒适
0.5~1	相当不舒适	大于2	极不舒适

为了将振动计量值 vdv 量化成 0~100 的分值形成加速度指数,根据表3.3-2的分段范围,结合实际工程经验,给出关键加速度计量值与加速度指数关系,见表3.3-3。

关键加速度计量值与加速度指数关系　　　　　　表3.3-3

振动计量值 $vdv(\text{m/s}^2)$	0.35	0.63	1	1.6
加速度指数	90	80	70	60

通过表3.3-3推荐数值,拟合得到图3.3-15中拟合曲线,对应公式(3.3-16),将式(3.3-15)代入式(3.3-16)得到胎压指数计算式(3.3-17)。

$$\text{acc\_index} = 104\mathrm{e}^{-0.37vdv} \qquad (3.3\text{-}16)$$

$$\text{TPI} = 104\mathrm{e}^{-0.37(\theta_1 \cdot edp + \theta_2)} \qquad (3.3\text{-}17)$$

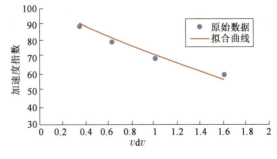

图3.3-15　振动计量值与加速度指数拟合

3.3.3 动态胎压影响因素研究

3.3.3.1 行车速度对等效动态胎压的影响研究

1）实验方法

通过选取沥青路面实验道路，检测车负载人数 2 人，车辆胎压保持为 340kPa，验证不同的车辆行车速度对等效动态胎压的影响。

(1) 实验道路。

选择一条 500m 直线沥青路面实验道路，道路为双向两车道，路面无严重积水。在起始点的路侧放置明显标记物，用 50m 钢卷尺分别量取 200m 加速路段、200m 实验路段、100m 制动路段，在路侧放置响应的标记物。如图 3.3-16 所示。

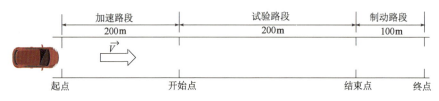

图 3.3-16　实验路段设计

(2) 实验车辆及路障。

利用如图所示的车辆进行路面测试实验，并让其通过如图所示的减速带路障并进行轮胎动态胎压信号采集（图 3.3-17）。

a) 搭载动态胎压传感器的实验车辆　　　b) 减速带路障

图 3.3-17　实验车辆与路段障碍物

(3) 数据采集。

数据采集装备分别以 20km/h、30km/h、40km/h、50km/h、60km/h、70km/h、80km/h、90km/h、100km/h 的速度匀速行驶在实验路段并进行数据采集，每个实验速度重复采集 3 次。

2)数据分析及结论

按照上述实验方法验证行车速度对胎压变化的影响,利用9组实验数据(速度分别为20km/h、30km/h、40km/h、50km/h、60km/h、70km/h、80km/h、90km/h、100km/h)按照公式计算每组数据的等效胎压能量值。如图3.3-18所示,红色实线为不同速度下动态胎压等效胎压能量值,经计算该组数据标准差为5.10;黑色虚线为按照公式进行速度能量拟合之后的不同速度下动态胎压等效胎压能量值,经计算该组数据标准差为0.90。由此可见,所提速度拟合方法能够有效抑制行车速度对动态胎压的等效能量影响。

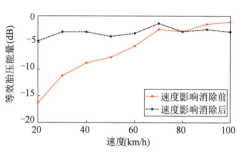

图3.3-18 行车速度与等效胎压能量拟合前后对比

3.3.3.2 负载变化对等效动态胎压的影响研究

1)实验方法

通过四立柱实验台模拟道路路面典型几何现状,胎压保持为340kPa,验证不同的车辆负载对胎压指数的影响。

(1)四立柱实验台道路路谱的设计。

通过四立柱实验台模拟车辆纵向行驶,道路出现不同凹陷路况时,车辆动态胎压对路况的响应情况。

路谱设计如图3.3-19所示,路谱激励周期和单次激励时间参数如表3.3-4所示。

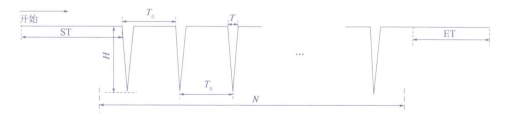

图3.3-19 四立柱实验台路谱示意图

负载变化实验道路路谱参数表　　　　表3.3-4

名称	数值
开始等待时间 ST	4s
结束等待时间 ET	4s
单周期时间 T_0	6s
数量 N	10
激励时间 T	0.5s
路面高程差 H	0mm、5mm、10mm、20mm、40mm、60mm、80mm、100mm

(2)不同的车辆负载实验方法。

负载设计方法参照现行《轿车　质量分布》(GB/T 5910)定义:不携带随身行李的标准质量的乘客规定为68kg,每位乘客随身行李的标准质量规定为7kg。根据体重情况设置不同的实验条件。因此按照人员的平均体重75kg设计。车辆胎压340kPa保持不变。

不同的人员数量,使用不同的重量的沙袋进行模拟。每袋沙的质量为25kg,沙袋放置在驾乘座位,载人数量与沙袋数量参照表如表3.3-5所示。

车辆负载参数表　　　　表3.3-5

载人数量(个)	沙袋数量(袋)	载人数量(个)	沙袋数量(袋)
0	0	3	9
1	3	4	12
2	6		

2)实验过程

如图3.3-20所示为通过沙袋模拟不同车辆负载,采用汽车四立柱标准实验台模拟道路颠簸状况,进行等效动态胎压影响实验过程。

3)数据分析与方法

按照上述实验方法,模拟相同路面几何形状激励下不同负载对等效动态胎压的影响。其中P1代表在实验车辆上增加25kg的负载,P2代表在实验车辆上增加2×25kg的负载,P3和P4依次类推。道路几何形状采用路面凹陷进行模拟,凹陷深度分别为1mm、5mm、10mm、20mm、40mm、60mm、80mm、100mm。每一种实验工况下进行10组重复实验,基于所采集到的动态胎压信号按照式(3.3-9)进行等效动态胎压的计算,得到如图3.3-21所示的结果。

图3.3-20　负载变化影响四立柱实验

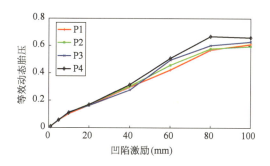

图3.3-21　不同负载下等效动态胎压

实验结果(图3.3-21)表明,实验车辆车身质量为2748kg,负载与车辆自身质量比小于3%时,等效动态胎压的相对误差小于5%;可认为此比值范围内负载对动态等效动态胎压的影响可忽略不计。

3.3.3.3　轮胎充气压力对等效动态胎压的影响研究

1)实验方法

通过四立柱实验台模拟道路路面典型几何现状,车辆负载2人,验证不同的轮胎压力对胎压指数的影响。

(1)四立柱实验台道路路谱的设计。

通过四立柱实验台模拟车辆纵向行驶,道路出现不同凹陷路况对车辆的反应。

路谱设计如图3.3-22所示,路谱激励周期和单次激励时间参数如表3.3-6所示。

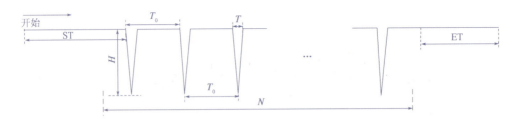

图 3.3-22　四立柱实验台路谱示意图

轮胎充气压力实验道路路谱参数表　　　　　　　　表 3.3-6

名称	数值
开始等待时间 ST	4s
结束等待时间 ET	4s
单周期时间 T_0	6s
数量 N	10
激励时间 T	0.5s
路面高程差 H	0mm、5mm、10mm、20mm、40mm、60mm、80mm、100mm

(2) 不同的轮胎压力实验方法。

使用轮胎充气装置,将检测车的四个轮胎的胎压充气到 350kPa、340kPa、330kPa、320kPa、300kPa、280kPa、260kPa、240kPa。启动数据采集系统和四立柱实验台进行数据采集,每个胎压状态分别实验 3 次。

2) 实验过程

如图 3.3-23 所示为调整不同轮胎充气压力条件下,采用汽车四立柱标准实验台模拟道路颠簸状况,进行等效动态胎压影响实验过程。

图 3.3-23　充气压力影响四立柱实验

3）数据分析及结论

按照上述实验方法，模拟相同路面几何形状激励下不同轮胎压力对动态等效动态胎压的影响。其中包括 8 组轮胎压力条件下的轮胎动态胎压实验数据。道路几何形状采用路面凹陷进行模拟，凹陷深度分别为 1mm、5mm、10mm、20mm、40mm、60mm、80mm、100mm。每一种实验工况下进行 10 组重复实验，基于所采集到的动态胎压信号按照式（3.3-9）进行等效动态胎压的计算，得到如图 3.3-24 所示的结果。

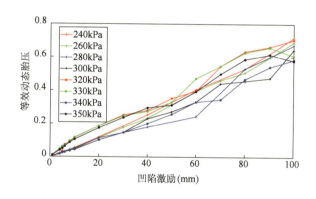

图 3.3-24　不同轮胎充气压力下等效动态胎压

实验结果图 3.3-24 表明，在相同路面激励下，不同轮胎压力条件下所计算得到的等效动态胎压不同。轮胎压力在 320～350kPa 范围内时，等效动态胎压的误差小于 5% 范围，可认为此范围内，轮胎压力对等效动态胎压几乎无影响。

3.3.3.4　路面激励与等效动态胎压的相关性研究

1）实验方法

通过四立柱实验台模拟道路路面典型几何现状，车辆负载 2 人，胎压保持为 340kPa，验证不同的路面激励信号对胎压指数的影响（图 3.3-25）。

四立柱实验台道路路谱，通过四立柱实验台模拟车辆纵向行驶，道路出现不同凹陷路况对车辆的反应。路谱设计如图 3.3-26 所示，路谱激励周期和单次激励时间参数如表 3.3-7 所示。

图 3.3-25 路面激励影响四立柱实验

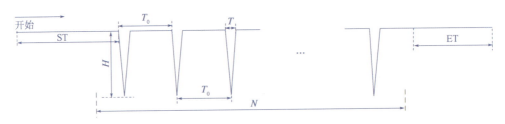

图 3.3-26 四立柱实验台路谱示意图

路面激励实验道路路谱参数表　　　　　　　　　　　表 3.3-7

名称	数值
开始等待时间 ST	4s
结束等待时间 ET	4s
单周期时间 T_0	6s
数量 N	10
激励时间 T	0.5s
路面高程差 H	0mm、4mm、5mm、6mm、10mm、20mm、30mm、40mm、50mm、60mm、70mm、80mm、90mm、100mm

2) 数据分析及结论

按照上述实验方法,模拟不同路面几何形状激励下动态胎压变化对路面激励的响应度和分辨率。道路几何形状采用路面凹陷进行模拟,凹陷深度分别为 1mm、4mm、5mm、6mm、8mm、10mm、20mm、30mm、40mm、50mm、60mm、70mm、80mm、90mm、100mm。每一种实验工况下进行 10 组重复实验,基于所采集到的动态胎压信号按照公式(3.3-9)进行等效动态胎压的计算,得到如图 3.3-27 所示的结果。

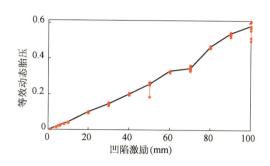

图 3.3-27　路面凹陷激励与等效动态胎压关系图

实验结果表明,随着路面激励凹陷高度的增加轮胎的动态胎压响应度也随着增加,所计算得到的等效动态胎压与路面激励高度呈正相关。同时在凹陷深度为 4mm、5mm、6mm 时,可见所提等效动态胎压能够有效分辨 1mm 高度的路面激励。

3.3.3.5　小结

为提高等效动态胎压计算的准确度,保证动态胎压信号的有效性,对行车速度、车辆负载、轮胎充气压力和路面激励高度因素进行分析。基于上述分析结果可得出如下结论:

(1)行车速度不宜低于 20km/h。

(2)负载与车辆自身质量比小于 3% 时,负载影响可忽略不计。

(3)轮胎压力在 320～350kPa 范围内时,轮胎压力对动态等效动态胎压影响可忽略不计。

(4)动态等效动态胎压与路面激励高度呈正相关,并能有效分辨 1mm 高度的路面激励。

第 4 章

港珠澳大桥铺面巡检系统与维养决策应用

4.1 港珠澳大桥铺面巡检系统

4.1.1 系统概要

港珠澳大桥铺面巡检系统为线上云端数据系统,该系统采用 java 开发,服务器容器为 tomcat 9.0。作为用户云端信息化方案承载系统,港珠澳大桥铺面巡检系统将对采集网关上传的信息数据进行二次分析处理,并对数据进行可视化处理。港珠澳大桥铺面巡检系统处理数据后将提供如下功能:港珠澳大桥铺面段健康状况实时监控,巡检任务的查看与记录,港珠澳大桥铺面段健康状况分析与汇总,港珠澳大桥铺面段巡检的图像汇总,港珠澳大桥铺面段巡检设备的汇总。系统可真正实现从数据到可视,从线下到线上的道路检测养护决策体系。

4.1.2 总体设计

港珠澳大桥铺面巡检系统架构主要分为四个层次:数据采集层、数据存储层、应用支撑层和应用发布层,如图 4.1-1 所示。

图 4.1-1　系统总体架构

系统数据来源包括三部分：基础数据、检测数据、分析数据。基础数据主要包括港珠澳的道路、桥梁设施的结构数据、行政路段数据、养护数据以及交通量等运营数据，可通过数据中台获取相关基础数据导入巡检系统数据库。检测数据主要包括路面破损、平整度等道路健康评价指标的定期检测数据。可利用自主研发的道路智能检测车，通过定期的道路巡检来获取检测数据。对于包含视频信息的实时数据，采取"只调看、不存储"的方式。

4.1.3　核心系统模块

港珠澳大桥铺面巡检系统主要功能为港珠澳大桥铺面段健康状况实时监控、巡检任务的查看与记录、港珠澳大桥铺面段健康状况分析与汇总、港珠澳大桥铺面段巡检的图像汇总、港珠澳大桥铺面段巡检设备的汇总等。系统可实现路网可视、可测、可知、可控的智慧管理，精准养护，其核心功能模块如表4.1-1所示。

核心系统模块　　　　　　　　　　　　　　　　　　表4.1-1

序号	系统模块	核心功能	描述
1	首页	展示港珠澳大桥的2D模型图和附近地图及各个标志性建筑、地标等信息； 展示各铺面段巡检后的路面服务质量指数，以不同颜色长度的指数条区分不同的健康状况	核心业务
2	巡检任务	展示各个铺面段的巡检工单和巡检记录，支持搜索	
3	健康状况	展示该铺面段的数据信息和健康状况，支持搜索	
4	图像巡检	支持显示铺面巡检车在执行巡检任务时传回的巡检视频或者巡检图片显示	
5	巡检设备	展示巡逻设备的基本信息	

4.1.4　系统功能

4.1.4.1　系统首页

登录系统后默认显示系统首页（图4.1-2），首页背景采用港珠澳大桥附近的离线地图,港珠澳大桥采用 2D 模型图展示,每个铺面段在图上都标注清楚。首页左上角按照铺面段显示最新的 7 个铺面检测结果的平均路面服务质量指数,不同颜色长度的指数条表示不同的健康状况。

图 4.1-2　系统首页

4.1.4.2　巡检任务

系统可定期进行巡检任务的执行,也可根据下发的巡检工单执行巡逻任务并产生巡逻记录。

1)巡检工单

巡检工单页面显示下发的巡逻工单(图 4.1-3),以列表形式显示工单的基本信息以及工单的执行情况。可通过工单编号、任务名称、工单类型来查询巡检工单。执行完成铺面巡检任务后点击对应工单后面的操作栏的"处置"按钮,填写备注完成巡检任务。

2)巡检记录

巡检记录页面以列表形式显示执行巡检任务时产生的巡检记录(图 4.1-4)。每次巡检都会产生多条巡检记录,每检测一条车道都会产生一条巡检记录。巡检记录包含了项目编、检测日期、检测时间、检测地点、速度、颠簸指数驾驶侧(PFI_D)、颠簸指数副驾驶侧(PFI_P)、路面服务质量指数(PSI)等信息。可通过项目名称和检测日期查询巡检记录。

图 4.1-3　巡检工单页面

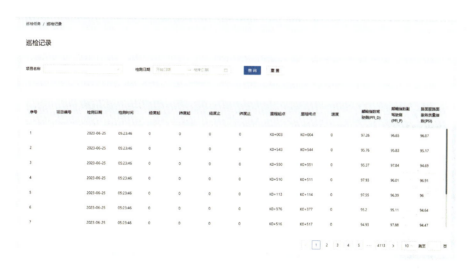

图 4.1-4　巡检记录页面

4.1.4.3　健康状况

执行完巡检任务后,铺面巡检车会传回具体每个里程段的路面健康状态分析。以菜单形式展示每个铺面段的健康状况,铺面段分为桥隧-上行-行车道 1、桥隧-上行-行车道 2、桥隧-上行-行车道 3、桥隧-下行-行车道 1、桥隧-下行-行车道 2、桥隧-下行-行车道 3、西人工岛、东人工岛、珠海口岸共 9 个铺面段。点击其中一个菜单,右侧列表则会展示该铺面段的数据列表和数据分析。

数据列表页面用列表的形式展示该铺面段各个设施的数据信息,可通过设施名称、构建名称、综合评估等级、评估日期、分数范围查找数据,如图4.1-5所示。

图4.1-5 数据列表页面

数据分析页面用折线图从检测时间和检测桩号两个维度展示该铺面段的簸指数驾驶侧(PFI_D)、颠簸指数副驾驶侧(PFI_P)、路面服路面服务质量指数(PSI)三个数据,如图4.1-6所示。

图4.1-6 数据分析页面

4.1.4.4 巡检设备

以列表的形式展示执行巡检任务的设备信息,可通过装备唯一编码、装备名称查找巡检设备。点击操作栏中的"详情"可以查看设备的详细介绍,如图4.1-7所示。

第4章 港珠澳大桥铺面巡检系统与维养决策应用

图 4.1-7　巡检设备页面

111

4.2 铺面健康状况评估在港珠澳大桥维养决策系统中的应用

运维管理人员可使用声学铺面巡检装备采集数据后,通过全自动评价软件输出铺面健康状况评估结果,评估结果会上传至港珠澳大桥铺面巡检系统,再通过数据协议与港珠澳大桥维养决策系统交互,从而进行设施的运维管理,其流程如图4.2-1所示。

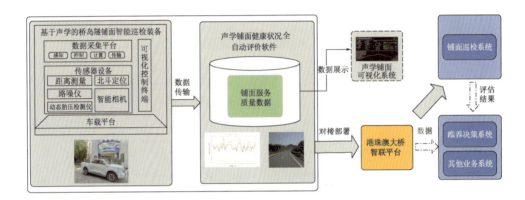

图 4.2-1 铺面健康状况感知与评估应用流程

港珠澳大桥维养决策系统由云基智慧工程股份有限公司负责开发,本书简要介绍铺面健康状况智能感知与评估结果在该系统中的应用。

在港珠澳大桥维养决策系统中,业务总览模块显示港珠澳大桥结构设施信息模型,选定结构设施的信息模型后,综合评分窗口将显示该结构设施综合评分结果(图4.2-2)。结构设施的综合评分由6个维度构成,包括耐久性、通行能力、行车舒适性、抗灾害能力、承载能力、技术状况。

三维信息模型的扩展开发主要通过调用信息模型的在线服务,实现系统的信息模型铺面构件的展示与交互。信息铺面构件展示效果如图4.2-3所示。

维养决策系统模型库中的指标库对行车舒适性给出了具体解释,行车舒适性是铺面健康状况在维养决策系统中的表征指标,其是用于综合评估桥岛隧铺面结构破损、变形的铺面服务质量指标,由路噪指数与颠簸指数构成(图4.2-4)。

图 4.2-2　维养决策系统业务总览

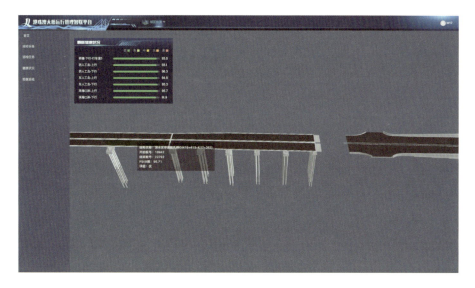

图 4.2-3　信息模型模式

对于设施的综合性能评估,采用基于层次分析法的多维指标综合评估模型。先对最下层节点进行评估,然后开始逐级对上层节点进行绘制,最后得到设施的评估结果,其中每个节点可融合各类评估指标进行综合评估。设施综合性能中的适应性评估由承载能力、抗灾害能力、通行能力、耐久性、行车舒适性构成,其中行车舒适性的分层权重为 0.10,适应性评估与技术状况评估构成设施综合性能评估,其中适应性权重分配为 0.40,如图 4.2-5 所示。

图 4.2-4　指标库中的行车舒适性指标描述

图 4.2-5　综合性能评定模型权重赋值

铺面健康状况评估的结果(图 4.2-6)由港珠澳大桥铺面巡检系统通过数据协议与港珠澳大桥港珠澳大桥维养决策系统交互后,在维养决策系统中的评定业务模块中的综合评估窗口显示(图 4.2-7)。此处给出综合得分、评定等级及权重值。

铺面健康状况评估结果将作为维养决策系统中的决策依据,参与后续运维与养护业务流程,如保养小修等。

图 4.2-6　设施综合评估中行车舒适性评估结果

图 4.2-7　维养决策系统中的维养业务

CHAPTER 5 | 第 5 章

工程测试与验证

5.1 测试对象

基于声学的隧道和桥梁铺面健康状况智能感知系统总体架构如图 5.1-1 所示。系统主要包括声学铺面巡检车、数据自动化处理系统、地理信息系统（GIS）可视化平台。主要根据用户需求说明书和软件需求规格说明书以及相应的文档进行系统测试，包括功能测试和准确性验证。

功能性测试主要包括铺面巡检车数据采集、数据自动化处理系统、GIS 可视化平台的功能性测试，分别如表 5.1-1、表 5.1-2 和表 5.1-3 所示。准确性验证测试项目见表 5.1-4 所示，测量结果通过与专家评估结果进行对比，以验证其准确性。

声学铺面巡检车数据采集测试功能表　　　　　　表 5.1-1

模块	子模块	功能点
主体显示	工程信息展示	工程信息展示
	传感器状态	传感器状态
	实时地图显示	实时地图显示
	铺面打标	铺面打标
	动态胎压数据显示	动态胎压数据显示
	加速度计数据显示	加速度计数据显示
	编码器数据显示	编码器数据显示
	传声器数据显示	传声器数据显示
	实时经纬度显示	实时经纬度显示
	实时车速显示	实时车速显示
系统设置	服务器 IP 配置	服务器 IP 配置
	设备 IP 配置（未采用）	设备 IP 配置（未采用）
	传感器校准	传感器校准
	声学采样率设置	声学采样率设置
	铺面打标设置	铺面打标设置
	文件传输协议（ftp）服务器设置	ftp 服务器设置

续上表

模块	子模块	功能点
数据管理	文件是否同步本地	文件是否同步本地
	数据校准	数据校准
	存储容量	存储容量
	数据清除	数据清除
服务控制	连接	启用连接服务，实现控制服务设备
	创建工程	创建工程
	开始采集	开始采集
	结束采集	结束采集
	关机	关机

数据自动处理软件功能测试表　　　　表 5.1-2

模块	子模块	功能点
数据处理	项目信息报送	项目信息报送
	任务数据报送	任务数据报送
	传输完成调起 matlab 计算	传输完成调起 matlab 计算
	检测结果计算	检测结果计算
	车辆信息展示	车辆信息展示
	项目信息展示	项目信息展示
	检测结果展示	检测结果展示

GIS 可视化平台功能测试表　　　　表 5.1-3

模块	子模块	功能点
项目检测信息展示	系统账号登录	系统账号登录
	项目基础信息	项目基础信息
	项目检测信息	项目检测信息
	项目汇总统计	项目汇总统计
	项目车道舒适度指标	项目车道舒适度指标
	检测道路 GIS 展示	检测道路 GIS 展示
	检测道路分段指标展示	检测道路分段指标展示

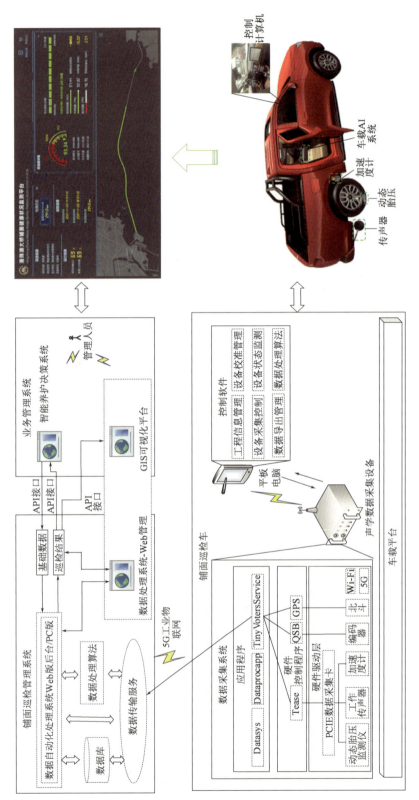

图 5.1-1 系统总体架构

准确性验证测试表　　　　　　　　　表 5.1-4

技术指标	技术指标分项
路噪指数(PAI)	左侧路噪度
	左侧路噪指数
	右侧路噪度
	右侧路噪指数
	路噪度代表值
	路噪指数代表值
颠簸指数(PFI)	左侧路噪度
	左侧路噪指数
	右侧路噪度
	右侧路噪指数
	路噪度代表值
	路噪指数代表值
铺面服务质量指数(PSI)	路噪指数(PAI)、颠簸指数(PFI)

5.2　测试环境与配置

服务器环境和客户端环境如表 5.2-1 和表 5.2-2 所示。

服务器环境　　　　　　　　　表 5.2-1

资源名称/类型	配置参数
服务地址	数据服务端
系统版本	Linux Centos 7
配置	2cpu,内存 8G,硬盘 200T,带宽 10M
应用服务器	Tomcat 8.5 java 8
数据库系统	MySQL 5.7

客户端环境　　　　　　　　　表 5.2-2

资源名称/类型	配置参数
系统版本	Win10　21H2
配置	i7-1065G7　1.30GHz　1.5GHz,内存 16GB,带宽 10M

5.3 港珠澳大桥工程验证

5.3.1 工程概况

港珠澳大桥主体工程东起粤港分界线,西至拱北/明珠附近的口岸人工岛,采用桥、岛、隧组合方式,主桥长约 29.6km,钢箱梁桥长 15.8km,海底隧道长 5.99km,桥隧转换两处设人工岛,各长 0.625km。其铺面情况如表 5.3-1 所示。

港珠澳大桥铺面情况　　　　　表 5.3-1

路面结构类型	基础环境情况
3.8cmSMA-13 + 3cmGA-10	钢桥
4.5cmSMA-13 + 3.5cmGA-10 + 水泥混凝土桥面	组合梁桥面及混凝土连续梁桥面
4cmSMA-13 + 6cmAC-20C + 8cmAC-25C + 36cm 水泥稳定碎石 + 20cm 水泥稳定碎石 + 15cm 级配碎石	路基段
4cmSMA13(阻燃温拌) + 6cmSMA16(温拌) + 3cmAC10(温拌) + 混凝土基面	隧道
4cmSMA-13 + 6cmSMA16 + 混凝土基面	环岛道路路基段

5.3.2 数据采集

本次工程验证主要对港珠澳大桥珠澳口岸互通立交闸道、收费站暗桥、口岸连接桥等 16 个铺面段进行了巡检,每个铺面段分为上行和下行两个方向进行巡检(图 5.3-1、图 5.3-2),每个巡检方向均获取了 3 个车道的巡检数据,分别测试了上述巡检测试点的路噪度、颠簸度数据,并根据这两项数据计算了铺面服务质量指数(PSI)。由于原始数据量较大,后续测试数据只显示最终不同铺面段各车道铺面服务质量数据和评定等级。

图 5.3-1　港珠澳大桥铺面巡检

图 5.3-2　港珠澳大桥隧道铺面巡检

5.3.2.1　铺面服务质量巡检数据

铺面服务质量巡检数据如表 5.3-2、表 5.3-3 所示。

右幅/上行声学检测指标　　　　　　　　　　　表 5.3-2

起点	终点	右幅/上行			评定等级
		声学检测(上行)			
		PAI	PFI	PSI	
K432 + 100	K433 + 000	94.38	96.10	95.50	优
K433 + 100	K434 + 000	94.43	96.04	95.47	优
K434 + 100	K435 + 000	94.43	96.00	95.45	优
K435 + 100	K436 + 000	94.43	95.97	95.43	优
K436 + 100	K437 + 000	94.39	96.01	95.44	优
K437 + 100	K438 + 000	94.46	96.23	95.61	优
K438 + 100	K439 + 000	94.50	95.67	95.26	优
K439 + 100	K440 + 000	94.64	96.00	95.53	优
K440 + 100	K441 + 000	94.24	96.08	95.43	优
K441 + 100	K442 + 000	94.33	96.04	95.44	优
K442 + 100	K443 + 000	94.37	95.88	95.35	优
K443 + 100	K444 + 000	94.35	95.89	95.35	优
K444 + 100	K445 + 000	94.39	96.21	95.57	优
K445 + 100	K446 + 000	94.32	95.93	95.36	优
K446 + 100	K447 + 000	94.43	96.14	95.54	优
K447 + 100	K448 + 000	94.43	95.88	95.37	优
K448 + 100	K449 + 000	94.37	95.99	95.43	优

续上表

起点	终点	右幅/上行			
		声学检测(上行)			评定等级
		PAI	PFI	PSI	
K449+100	K450+000	94.57	95.88	95.42	优
K450+100	K451+000	94.46	96.06	95.50	优
K451+100	K452+000	94.45	96.24	95.62	优
K452+100	K453+000	94.34	96.17	95.53	优
K453+100	K454+000	94.30	96.19	95.53	优
K454+100	K455+000	94.47	95.72	95.28	优
K455+100	K456+000	94.50	96.09	95.53	优
K456+100	K457+000	94.50	95.96	95.45	优
K457+100	K458+000	94.32	95.83	95.30	优
K458+100	K459+000	94.38	96.05	95.46	优
K459+100	K460+000	94.63	95.80	95.39	优
K460+100	K461+000	94.48	96.23	95.62	优
K461+100	K462+028	94.43	95.80	95.32	优

左幅/下行声学检测指标　　　　　表5.3-3

起点	终点	左幅/下行			
		声学检测(下行)			评定等级
		PAI	PFI	PSI	
K432+100	K433+000	94.38	95.96	95.40	优
K433+100	K434+000	94.30	96.13	95.49	优
K434+100	K435+000	94.46	96.00	95.46	优
K435+100	K436+000	94.55	95.91	95.43	优
K436+100	K437+000	94.29	96.07	95.45	优
K437+100	K438+000	94.41	95.73	95.27	优
K438+100	K439+000	94.57	96.10	95.57	优
K439+100	K440+000	94.38	96.13	95.51	优
K440+100	K441+000	94.46	95.95	95.42	优
K441+100	K442+000	94.26	95.82	95.28	优

续上表

起点	终点	左幅/下行			
		声学检测(下行)			评定等级
		PAI	PFI	PSI	
K442+100	K443+000	94.33	96.43	95.69	优
K443+100	K444+000	94.38	95.90	95.37	优
K444+100	K445+000	94.39	95.92	95.39	优
K445+100	K446+000	94.33	95.92	95.36	优
K446+100	K447+000	94.30	96.01	95.41	优
K447+100	K448+000	94.42	96.05	95.48	优
K448+100	K449+000	94.36	96.01	95.44	优
K449+100	K450+000	94.29	95.99	95.40	优
K450+100	K451+000	94.19	96.05	95.40	优
K451+100	K452+000	94.35	96.03	95.44	优
K452+100	K453+000	94.36	95.95	95.40	优
K453+100	K454+000	94.57	96.48	95.81	优
K454+100	K455+000	94.30	96.07	95.45	优
K455+100	K456+000	94.29	96.34	95.62	优
K456+100	K457+000	94.54	96.20	95.62	优
K457+100	K458+000	94.27	96.13	95.48	优
K458+100	K459+000	94.56	95.86	95.40	优
K459+100	K460+000	94.59	96.38	95.76	优
K460+100	K461+000	94.34	96.07	95.47	优
K461+100	K462+028	94.58	95.98	95.49	优

5.3.2.2 铺面定检数据

铺面定检数据来自于同年度港珠澳大桥铺面检测结果。检测采用 CiCS 多功能检测车,检测上下行的路面损坏状况指数(PCI)、路面行驶质量指数(RQI)、路面车辙深度指数(RDI)、路面抗滑性能指数(SRI),并计算路面技术状况指数(PQI)。检测数值如表 5.3-4 所示。

港珠澳大桥主体工程主线检测数据统计表　　　　表 5.3-4

起点	终点	右幅/上行					左幅/下行				
		PQI	PCI	RQI	RDI	SRI	PQI	PCI	RQI	RDI	SRI
K432+100	K433+000	97.29	100	94.08	96.70	95.64	95.21	96	92.54	96.70	94.70
K433+100	K434+000	97.59	100	95.02	96.80	95.64	96.94	98	94.89	97.00	96.04
K434+100	K435+000	97.69	100	94.98	97.00	96.42	97.60	100	94.63	96.90	96.76
K435+100	K436+000	97.65	100	94.86	96.80	96.76	97.33	99	95.11	97.10	97.07
K436+100	K437+000	97.67	100	94.47	96.80	98.04	97.02	98	94.95	97.10	97.60
K437+100	K438+000	97.42	100	93.93	96.90	97.07	97.19	98	95.14	97.10	97.60
K438+100	K439+000	97.12	100	93.23	96.70	96.42	97.27	99	94.92	96.90	97.35
K439+100	K440+000	97.68	100	94.80	96.70	97.35	97.85	100	95.02	97.10	97.83
K440+100	K441+000	97.71	100	95.05	96.80	96.76	97.79	100	95.05	97.10	97.07
K441+100	K442+000	97.78	100	95.11	96.90	97.07	97.87	100	95.34	97.30	96.76
K442+100	K443+000	97.74	100	94.98	96.90	97.07	97.89	100	95.26	97.20	97.35
K443+100	K444+000	97.70	100	94.92	97.00	96.76	97.74	100	94.86	97.00	97.35
K444+100	K445+000	97.65	100	94.76	97.00	96.76	97.79	100	94.92	97.20	97.35
K445+100	K446+000	97.61	100	94.73	97.00	96.42	97.64	100	94.57	97.10	97.07
K446+100	K447+000	97.70	100	94.63	96.30	98.70	97.65	100	94.22	96.60	98.94
K447+100	K448+000	97.81	100	94.80	96.60	98.83	97.70	100	94.29	96.70	99.05
K448+100	K449+000	97.84	100	94.89	96.60	98.83	97.78	100	94.57	96.70	99.05
K449+100	K450+000	97.73	100	94.43	96.70	98.94	97.84	100	94.70	96.80	99.05
K450+100	K451+000	97.60	100	93.97	96.70	99.05	97.81	100	94.63	96.70	99.14
K451+100	K452+000	97.12	98.63	93.93	96.80	99.05	97.68	100	94.33	96.60	98.94
K452+100	K453+000	97.64	100	94.22	96.60	98.83	97.43	100	93.59	96.40	98.94
K453+100	K454+000	97.54	100	93.74	96.80	98.94	97.83	100	94.80	96.50	99.14
K454+100	K455+000	97.51	100	93.90	96.40	98.83	97.13	99	94.01	96.70	99.05
K455+100	K456+000	96.58	98.06	95.29	96.80	91.52	96.94	98.63	95.34	96.40	93.58
K456+100	K457+000	96.54	100	95.76	96.60	83.23	97.08	100	95.76	96.40	88.91
K457+100	K458+000	96.87	100	95.46	96.30	87.91	96.56	100	95.11	96.40	85.71
K458+100	K459+000	97.33	100	96.04	96.30	90.71	96.56	100	95.86	96.50	83.23
K459+100	K460+000	97.21	100	95.99	96.20	89.85	96.25	100	95.65	96.70	80.49
K460+100	K461+000	97.44	100	95.91	96.30	92.26	96.11	100	95.20	96.70	80.49
K461+100	K462+028	97.13	100	93.23	96.20	97.35	95.80	97	93.43	96.80	92.26

港珠澳大桥主体工程主线路面损坏整体状况良好,主线右幅路面 PCI 均值为 99.89,评定为"优",主线左幅路面 PCI 均值为 99.37,评定为"优";主线右幅路面平均 RQI 为 94.70,评定为"优",主线左幅路面平均 RQI 为 94.76,评定为"优";主线右幅路面平均车辙深度为 3.3mm,平均 RDI 为 96.67 评定为"优";左幅路面平均车辙深度为 3.2mm,平均 RDI 为 96.81,评定为"优";隧道段 SRI 略低,主线右幅路面平均 SFC 为 60.8,平均 SRI 为 95.90,评定为"优",左幅路面平均抗滑性能为 60.6,平均 SRI 为 95.13,评定为"优";右幅路面技术状况指数均值为 97.46,路面技术状况指数评定等级为优;左幅路面技术状况指数均值为 97.24,路面技术状况指数评定等级为优;双向路面技术状况指数均值为 97.35,评定等级为优。

5.3.3 数据对比及结论

铺面定检数据与服务质量指数对比情况如图 5.3-3 ~ 图 5.3-7 所示,由图可知,检测路段的铺面服务质量指数(PSI)、路噪指数(PAI)与颠簸指数(PFI)发展趋势基本一致,这是由于三项指数都反映了铺面表观构造与结构变形的变化情况。

声学铺面服务质量巡检数据与路面使用性能指数(PQI)对比情况如图 5.3-3 所示,四组数据在大部分检测段落中的发展趋势一致,由表观构造、结构变形引起的驾乘感受变化与路面的综合使用性能呈正相关关系。

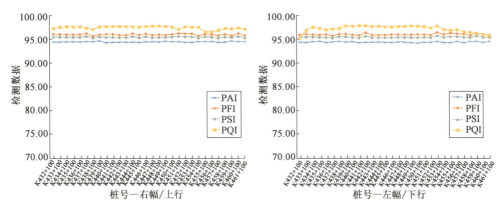

图 5.3-3 声学铺面服务质量巡检数据与路面使用性能指数(PQI)对比

如图 5.3-4 所示,路面损坏状况指数为 100 的段落占比较高,其发展趋势也未与声学铺面服务质量巡检数据表现出相关性,铺面损坏状况未引起结构变形与表面构造变化。

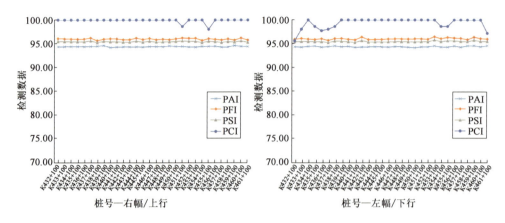

图 5.3-4　声学铺面服务质量巡检数据与路面损坏状况指数（PCI）对比

声学铺面服务质量巡检数据与路面行驶质量指数（RQI）以及车辙深度指数（RDI）的对比情况如图 5.3-5 和图 5.3-6 所示,与声学巡检数据相比,RQI 与 RDI 在不同路段中变化幅度相对较大,但整体也呈相似的变化趋势,说明路面平整度与车辙对铺面服务质量的影响较大,声学巡检指数可以较为准确地表征铺面服务质量。

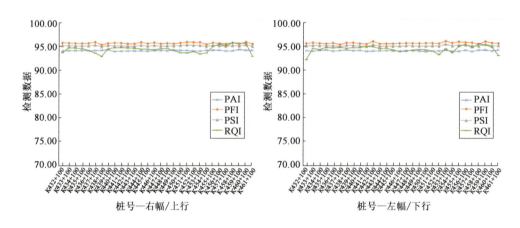

图 5.3-5　声学铺面服务质量巡检数据与路面行驶质量指数（RQI）对比

如图 5.3-7 所示,声学铺面服务质量巡检数据与路面抗滑性能指数（SRI）在部分路段发展趋势一致,但其余路段差别较大,这是由于抗滑性能除受表面构造影响之外,还与表层集料类型、沥青膜厚度等因素有关。

综上所述,检测路段的铺面服务质量指数与定检数据均呈较高水平,二者整体相关性高且各有侧重,均能准确地表征铺面质量与服役性能。

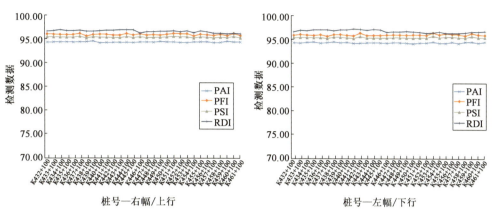

图 5.3-6　声学铺面服务质量巡检数据与路面车辙深度指数（RDI）对比

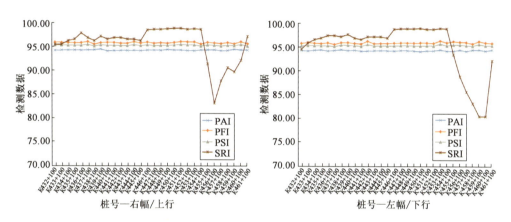

图 5.3-7　声学铺面服务质量巡检数据与路面抗滑性能指数（SRI）对比

5.4　其他工程验证

5.4.1　工程验证项目

工程验证项目如表 5.4-1 所示。

工程验证项目　　　　　　　　表 5.4-1

序号	工程名称	构造物
1	曾家岩大桥	桥梁、隧道、道路
2	朝天门大桥	桥梁、道路
3	马桑溪长江大桥	桥梁、道路

续上表

序号	工程名称	构造物
4	寸滩长江大桥	桥梁、道路
5	高家花园大桥	桥梁、道路
6	吉庆&小泉隧道	隧道、道路
7	真武山隧道	隧道、道路

5.4.2 验证结论

从7个工程项目实测数据来看(图5.4-1),人工评分的数据整体上看要高于软件系统的评分,但是在数据的走向上有90%的都是相同的,证明智能感知装备的数据采集和数据处理系统在评价方面有着较高的可靠性,并且铺面服务质量指数可以客观反映铺面的技术状况。

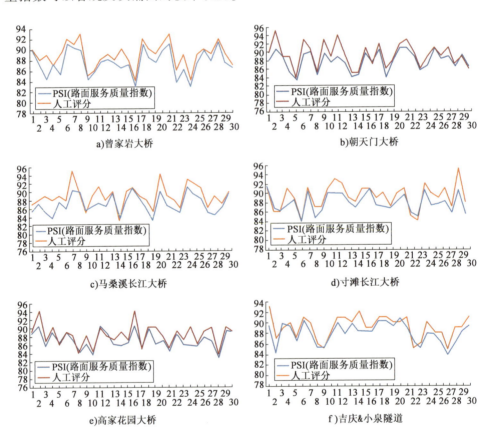

图 5.4-1

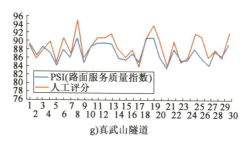

g) 真武山隧道

图 5.4-1 PSI 与人工评分对比

CHAPTER 6 | 第 6 章

结语

6.1 结论

本书基于声学的桥岛隧铺面健康状况感知系统研究利用定向麦克风、动态胎压检测仪测量铺面轮胎路面构造和结构变化状态,研制了基于5G、北斗的声学数据采集设备,通过5G工业物联网实现数据的实时传输,并进行数据分析处理。具体研究成果如下:

(1)研制了基于声学的隧道和桥梁铺面智能巡检设备,并集成了铺面巡检车,实现了路面胎噪和胎压数据的自动采集和同步传输,形成了铺面健康状况全自动评价软件;

(2)系统分析了行车速度、干扰噪声、轮胎与铺面状况等因素对路噪指数与胎压指数的影响,提出了路噪指数、胎压指数、铺面服务质量指数的计算方法,由此建立了基于声学的铺面服务质量评估方法;

(3)开发了港珠澳大桥铺面巡检系统,完成了工程测试与验证,实现了对桥岛隧铺面健康状况的快速感知与评价。

6.2 创新点

(1)采用车路耦合的铺面健康状况评价方法,通过定向麦克风和动态胎压监测仪声学传感器自动化测量铺面的微观形变和结构变化情况,并评估铺面健康状况提供精确的养护数据。

(2)利用5G工业物联网实时传输铺面巡检数据至决策养护云平台,实现数据同步传输,提升数据处理效率,在1分钟内自动化完成数据处理。

(3)集成北斗组合导航高精度定位系统和DMI里程测量技术,可达到亚米级铺面健康状况巡检结果定位。

6.3 展望

本书探索了基于声学原理的铺面健康状况智能感知与评估技术,以轻量化的设备与便捷的评估来满足对高品质铺面运维服务的需求。研究成果在港珠澳大桥上进行了全面的应用与验证,为铺面健康状况的高频次巡检提供了可靠的评估方法与有效的巡检数据。相关成果可推广至公路与城市道路高品质运维需求的铺面巡检场景,相关数据还可以应用于智慧交通,为公共出行提供数据支撑。未来的研究仍需继续挖掘铺面巡检产生的声学测量数据价值,并积极探索声学数据与其他多模态数据的融合与应用问题,力求将声学原理的感知设备、数据处理与应用技术拓展到其他基础设施的监测与检测领域。

参 考 文 献

[1] 中华人民共和国交通运输部.2019年交通运输行业发展统计公报[R/OL].(2018-3-30)[2024-3-1]. http：//zizhan.mot.gov.cn/zfxxgk/bnssj/zhghs/201803/t20180329_3005087.html.

[2] 王国凤.中国公路养护行业现状分析[C]//中国公路学会养护与管理分会.第四届全国桥梁、隧道养护与管理技术研讨会论文集.北京:中国公路学会养护与管理分会,2017:5.

[3] 郭怡绮.养护干预下的沥青路面平整度预测[D].南京:东南大学,2016.

[4] ULLIDTZ P. Mathematical model of pavement performance under moving wheel load[J]. Transportation Research Record, 1993,1384:94-99.

[5] HADLEY W O. SHRP-LTPP overview:Five-year report[R/OL].(1994-10-14)[2024-3-1]. http：//onlinepub.trb.org/onlinepubs/shrp/SHRP-P-688.pdf.

[6] AASHTO. AASHTO guide for design of pavement structure[S]. Washington DC：America Association of State Highway and Transportation, 1993.

[7] HAAS R, HUDSON W R, FALLS L C. Prediction models for pavement deterioration[M]//Pavement Asset Management. New York：John Wiley & Sons, Inc, 2015.

[8] JORGE D, FERREIRA A. Road network pavement maintenance optimisation using the HDM-4 pavement performance prediction models[J]. International Journal of Pavement Engineering, 2012, 13(1):39-51.

[9] 孙立军,刘喜平.路面使用性能的标准衰变方程[J].同济大学学报(自然科学版),1995(5):512-518.

[10] 胡苏娜.高速公路沥青路面使用性能预测研究[D].重庆:重庆交通大学,2015.

[11] DURANGO P L. Adaptive optimization models for infrastructure management [D]. Berkeley:University of California Berkeley,2002.

[12] YANG J, GUNARATNE M, LU J J, et al. Use of recurrent markov chains for

modeling the crack performance of flexible pavements[J]. Journal of Transportation Engineering, 2005, 131(11):861-872.

[13] KOBAYASHI K, DO M, HAN D. Estimation of Markovian transition probabilities for pavement deterioration forecasting[J]. Ksce Journal of Civil Engineering, 2010, 14(3):343-351.

[14] 周鹏飞,温胜强,康海贵. 基于马尔可夫链与神经网络组合的路面使用性能预测[J]. 重庆交通大学学报(自然科学版), 2012, 31(5):997-1001.

[15] 韦灼彬,高屹,吴森. 灰色-马尔科夫模型在机场道面使用性能预测中的应用[J]. 海军工程大学学报, 2009, 21(4):53-57.

[16] 傅东阳,胡昌斌. 高速公路沥青路面使用性能马尔可夫概率预测[J]. 福州大学学报(自然科学版), 2005, 33(4):518-522.

[17] 陈仕周,李山,熊峰,等. 基于GA-灰色神经网络的沥青路面使用性能预测[J]. 重庆交通大学学报(自然科学版), 2019, 38(02):44-50.

[18] ATTOH-OKINE N. Predicting roughness progression in flexible pavements using artificial neural networks[C]//Transportation Research Board Conference Proceedings. San Antonio: Transportation Research Board, 1994, 1(1):55-62.

[19] BIANCHINI A, BANDINI P. Prediction of pavement performance through neuro-Fuzzy reasoning[J]. Computer-Aided Civil and Infrastructure Engineering, 2010, 25(1):39-54.

[20] 王艳丽,王秉纲. 应用人工神经网络预测路面使用性能[J]. 长安大学学报(自然科学版), 2001, 21(1):42-45.

[21] 倪富健,屠伟新,黄卫. 基于神经网络技术的路面性能预估模型[J]. 东南大学学报(自然科学版), 2000, 30(5):91-95.

[22] 郭玲玲. 基于遗传神经网络的路面使用性能评价预测[J]. 公路工程, 2017, 42(4):223-227.

[23] 邓聚龙. 灰色系统理论教程[M]. 武汉:华中科技大学出版社, 1990.

[24] DU E P, MA S L, JING H M. Asphalt pavement performance prediction model based on gray system theory[J]. Journal of Tongji University, 2010, 38(8):1161-1164.

[25] 杜二鹏,马松林,景海民. 基于灰色系统理论的沥青路面使用性能预测

[J]. 同济大学学报(自然科学版), 2010, 38(8):1161-1164.

[26] 张洪伟, 连鹏, 杨东. 基于灰色模型方法的路面使用性能预测[J]. 公路, 2015(12):34-38.

[27] PAN N F, KO C H, YANG M D, et al. Pavement performance prediction through fuzzy regression[J]. Expert Systems with Applications, 2011, 38(8): 10010-10017.

[28] 黄冰, 颜可珍, 张邹. 基于支持向量机的沥青路面使用性能评价[J]. 公路工程, 2012, 37(2):19-21.

[29] HAAS R C G, HUDSON W R, ZANIEWSKI J P. Modern pavement management[M]. Malabar: Krieger Publishing, 1994.

[30] 彭华, 陈长, 孙立军. 网级路面管理系统中项目优化模型的双层优化[J]. 同济大学学报(自然科学版), 2010, 38(3):380-385.

[31] 潘玉利. 路面管理系统原理[M]. 北京:人民交通出版社,1998.

[32] 赵春, 王炜, 李伟. 基于GIS的公路网管理决策支持系统[J]. 交通运输系统工程与信息, 2005, 5(1):000053-57.

[33] 程亮, 龚健雅, 梁新政, 等. 基于GIS的高速公路维养决策支持系统研究与实现[J]. 测绘通报,2007, 2007(6):69-72.

[34] 冯永飞. 基于马尔柯夫链法的沥青路面维养决策[J]. 公路与汽运, 2017(06):187-189.

[35] 董元帅, 周绪利, 侯芸, 等. 基于寿命周期的沥青路面预养护时机决策优化[J]. 公路, 2020,65(04):325-331.

[36] 王小凤. 基于全生命周期分析的沥青路面预防性养护时机及策略研究[D]. 兰州:兰州交通大学, 2013.

[37] 陈仕周, 李山, 熊峰, 等. 基于GA-灰色神经网络的沥青路面使用性能预测[J]. 重庆交通大学学报(自然科学版), 2019,38(02):44-50.

[38] 贺得荣. 基于组合预测模型对公路沥青路面使用性能预测的研究[J]. 公路工程, 2015,40(06):264-270.

[39] 李艳龙. 基于数据挖掘的路面使用性能评价预测和决策研究[D]. 武汉:武汉理工大学, 2019.

[40] 李山. 高速公路沥青路面使用性能预测及维养决策优化研究[D]. 重庆:

重庆交通大学, 2019.

[41] 杨博, 侯明业, 毛海臻, 等. 基于参数自跟踪的沥青路面使用性能预测研究[J]. 武汉理工大学学报(交通科学与工程版), 2020, 44(06): 1032-1035.

[42] 崔玉姣. 甘肃省高速公路网级沥青路面维养决策研究[D]. 兰州: 兰州交通大学, 2020.

[43] 李海莲. 西北寒旱地区高速公路沥青路面技术状况分析及维养决策方法研究[D]. 兰州: 兰州交通大学, 2019.

[44] 彭华, 陈长, 孙立军. 网级路面管理系统中项目优化模型的双层优化[J]. 同济大学学报(自然科学版), 2010, 38(03): 380-385.

[45] 杨永红, 晋敏, 白钰, 等. 公路养护资金分配方法优化研究[J]. 中外公路, 2015, 35(4): 336-340.

[46] 李志刚, 洪锋. 动态规划原理在高速公路网级养护决策中的应用[J]. 解放军理工大学学报(自然科学版), 2002, 3(1): 60-62.

[47] 喻翔. 高速公路路面养护管理系统决策优化的研究[D]. 成都: 西南交通大学, 2005.

[48] DO N, CHOI I J, JANG M K. A structure-oriented product data representation of engineering changes for supporting integrity constraints[J]. International journal of advanced manufacturing technology, 2002, 20(8): 564-570.

[49] KENNEDY J, EBERHART R. Particle swarm optimization[C]. Proceedings of ICNN'95-International Conference Neural Networks, Perth, Australia. New York: IEEE, 2011, 4(8): 1942-1948.

[50] COLORNI A, DORIGO M, MANIEZZO V. Distributed optimization by ant colonies[C]//Proc of the first european conference on artificial Life. Cambridge: MIT Press, 1991: 134-142.

[51] JERNE N K. Towards a network theory of the immune system[J]. Annual Review of Immunology, 1974, 125(12): 435-441.

索 引

B

包络声能 envelope noise energy ······ 055

D

颠簸指数 pavement flatness index ······ 012
动态胎压 dynamic tire pressure ······ 010

J

健康状况 health condition ······ 002

L

路噪指数 pavement acoustic index ······ 012

P

铺面 pavement ······ 001

S

声学检测 acoustic detection ······ 006

Z

智能感知 intelligent perception ······ 003
智能巡检装备 intelligent inspection equipment ······ 030
主成分分析 principal component analysis ······ 060